무기력한 삶을
극복하는 방법

장소정 지음

무기력한 삶을
극복하는 방법

7년 차 공무원이 삶의 지루함을 극복하고 열정을 찾은 이야기

harmonybook

들어가는 글

"엄마, 나 공무원 그만둘게. 하고 싶은 일이 생겼어."

 엄마에게는 갑작스러운 이야기였겠지만, 오래 고민한 끝에 내린 결정이었다. 나의 첫 번째 직업은 병원 간호사였다. 두 번째 직업은 공무원이었다. 간호사와 공무원으로 일하면서 '재밌다, 이게 바로 내가 원하던 일이구나'하고 생각한 적은 없었다. 이전 직장들은 뭔가 나와 맞지 않는 듯하면서도, 맞는 부분도 있어서 어떻게든 버티며 일했지만, 온전히 만족스럽지는 않았다. 이제는 타협하고 싶지 않았다. 내가 원하는 일을 하며 살고 싶었다. 안정적인 직업군에서 불안과 무기력이 나를 잠식하고 있었다. 간호사, 공무원으로 꾸준히 일을 해왔지만, 매일 반복되는 일상과 보람 없는 시간이 내 안에 쌓이기 시작했다. 도대체 무엇이 문제일까? 어떻게 하면, 무기력함에서 벗어날 수 있을까? 스스로 질문을 던지며 답을 찾기 위해 노력했다.
 공무원을 그만두고 세 번째 직업을 찾았다. 영어와 운동을 가르친다. 남들을 가르치면서 느끼는 보람은 엄청나다.

 30대 초반, 푸르렀던 20대 시절을 생각해보니 많은 일이 스쳐 갔다. 글로 정리하면 좋겠다고 생각했다. 내 경험과 깨달음을 담은 책을 써보고 싶었다. 내 이야기가 누군가에게 위로와 변화를 줄 수 있기를 바라는 마음이 강해졌다. 글쓰기 모임에 가입했다. 책을 왜 쓰고 싶은지, 어떤 이야기를 담고 싶은지 고민하며 글로 풀어냈다. 내가 겪은 무기력함을 극복한 과정을 그대로 적었다.

손끝이 떨리고 가슴이 벅차오른다. 몇 번이고 다시 쓰고, 지우고, 다듬었던 모든 순간이 글로 이어졌다. 글을 쓰면서 스스로 많은 대화를 나눴다. 이제는 내 이야기를 세상과 나누고 싶다. 내 글이 마음에서 마음으로 전해지는 이야기로 다가가길 바란다.

무기력했던 삶을 나만의 방법으로 깨부수고 변화시킨 이야기를 담았다. 간호사와 공무원으로 일할 때 끊임없이 던졌던 질문. '왜 내 일이 만족스럽지 않을까?', '어떤 삶을 살아야 할까?' 답을 찾기 위해 변화를 시작했다. '독서, 운동, 영어공부'를 통해 새로운 목표와 열정을 발견했고, 마침내 무기력에서 벗어나 주체적인 삶으로 나아갈 수 있었다. 긍정적인 변화를 이루어낸 내 경험이 같은 고민을 하고 있을 독자에게 용기가 되기를.

간호사가 됐을 때 평생 그 길을 걸을 줄 알았다. 중환자실에서 근무를 시작하며 인간 생명을 다룬다는 존엄한 일에 가치를 느꼈다. 하지만 현실은 육체적, 정신적으로 버거운 나날이었다. 3교대 근무로 낮과 밤이 뒤바뀌고, 식사도 제대로 챙기지 못했다. 건강이 눈에 띄게 나빠졌고, 몇 년 버티다 그만두었다. 직장을 떠나니 또 다른 걱정이 밀려왔다.

 이제 뭘 하면서 살지?

 평생직장을 고민하다 보니 공무원이 눈에 들어왔다. 공무원 시험에 합격해 새로운 길을 시작했지만, 공무원으로 일하면서 여러 부서를 옮겨 다니는 일이 반복되었다. 한 업무에 적응해 익숙해질 즈음, 전혀 다른 업무를 하는 부서로 배치되곤 했다. 새로운 부서에 적응하느라 애쓰고, 익숙해졌다 싶으면 또 다른 부서로 발령이 나는 과정을 거듭했다. 시간이 흐를수록 마음 한구석에 질문이 생겼다.

 이 일을 20년, 30년 한다면 나에게 남는 건 무엇일까?
 부서를 자주 옮기다 보니 전문성을 쌓을 기회는 없었고, 일에서 보람을 느끼는 일도 점점 어려워졌다. '이만하면 괜찮지'라며 스스로 다독이며 버텼지만, 마음속 불만은 커지고 무기력해졌다. '인사 체계는 내가 바꿀 수 없다. 내가 바꿀 수 있는 건 무엇일까?' 바꿀 수 없는 환경에 얽매이기보다는, 내가 변해야겠다고 생각했다.

 어떻게 무기력을 깨부술 수 있을까? '생각이 바뀌면 행동이 바뀌고, 행동이 바뀌면 습관이 바뀌고, 습관이 바뀌면 인생이 바뀐다.'라는 말처럼. 생각을 바꾸기 위해 독서를 시작했다. 책 속에는 공무원이 아닌 다양한 인생을 살아가는 사람이 있었다. 많은 이야기를 간접 경험했다. 책을 읽으면서 꿈과 목표를 생각했다. 독서는 내 생각을 서서히 변화시켰다. 책을 잘 읽지 않던 내가 독서 목표를 세우고 실천했다.

하루 10분만 읽자!

유튜브 쇼츠나 인스타그램 릴스 보는 시간 중 단 10분을 독서에 투자했더니, 한 달이면 책 두세 권을 읽을 수 있었다. 1년에 책 1~2권도 읽지 않던 내가 한 달에 4권을 읽었다. 책 읽고 느낀 점을 블로그에 기록하기 시작했다. 글을 쓰다 보니 사고가 정리되었고, 자연스럽게 글쓰기에 대한 흥미도 생겼다. 독서가 글쓰기로 이어졌고, 책을 집필하는 계기가 되었다.

생각이 바뀌자, 행동도 달라졌다. 영어를 배우고 운동을 시작했다. 영어는 소리부터 배우기 시작했다. 발음 하나하나를 익히며, 문장으로 확장해가는 과정에서 배움의 즐거움을 알게 되었다. 운동은 몸 균형을 회복하는 데 초점을 맞췄다. 몸이 보내는 신호를 읽고, 필요한 부위를 풀어주며 본연의 자세를 유지하는 법을 배웠다. 독서, 운동, 영어공부가 습관이 되었고, 습관은 인생을 변화시켰다.

몸과 마음은 신호를 보낸다. '지쳤다, 힘들다'라는 신호를 무시하면 문제가 생긴다. 나는 그 신호를 독서, 운동, 영어공부로 극복했다. 무기력했던 삶에서 벗어나기 위해 내가 찾은 방법을 책에 담았다.

차례

들어가는 글　　　　　　　　　　　　　　　　　004

제1장. 정년퇴직 보장되는 공무원이었다

　꿈 없이 떠밀려 간호사가 되다　　　　　　　013
　불만 불평 최고조 간호 3년차　　　　　　　018
　무작정 퇴사를 했다　　　　　　　　　　　　023
　간호사를 그만뒀지만, 다시 간호직　　　　　028
　나는 스물다섯 살에 공무원이 되었다　　　033
　시청 업무의 경험으로 알게 된 것　　　　　038
　코로나19속에서 맞이한 보건소의 현실　　043
　공무원이 된 후 찾아온 뜻밖의 질병　　　　048

제2장. 무기력한 삶을 깨부수는 노력

공무원이 되고 얻은 10kg, 잃어버린 나 054
권태기를 벗어 날 방법은 없을까? 059
엔돌핀을 찾아 준 마라톤 064
남들 다하는 독서 나도 했더니! 069
플래너로 시작한 나만의 시간 발견 075
단 한 사람의 응원이면 충분해 080
탈 공무원, 목표를 갖게 되다 085
가족의 반대를 무릅쓰다 090

제3장. 갑작스러운 변화보다 서서히 물드는 변화의 시간

10분 독서가 가져다준 변화 096
자기계발의 파이를 늘려준 블로그 글쓰기 101
영어공부로 열린 새로운 세상 106
성취감엔 달리기만 한 게 없다 111
나와의 약속, 자기계발을 위한 루틴 116
싫어도 계속하면 진짜 달라질까? 121
좋아하는 것, 잘하는 것 찾기 125
호기심은 성공의 씨앗 130

제4장. 생기있는 삶을 찾다

불만 불평을 끊어내기로 하다	136
내 마음을 그냥 지나치지 않기로 했다	141
예상 밖의 직업, 영어 코치가 되다	146
SNPE바른자세척추운동 전임강사로의 기회를 잡다	151
수입은 줄었지만, 행복한 삶의 이유	156
투잡의 세계 바쁘지만 즐거운 날들	161
매일 성취감을 느끼는 삶을 살려면	166
내가 책을 쓰는 이유	171

제5장. 행복한 성장을 이루어가다

내면의 소리가 이끄는 변화의 시작   177

회피 대신 문제를 마주할 진정한 용기   182

꿈을 꾸고 준비하는 시간이 필요한 이유   187

자주 웃고 즐겁게 사는 법   192

그냥 얻어지는 것은 없다   197

재택 프리랜서로 다른 삶을 돕는 기쁨   202

성장하게 만드는 운동 강사   208

30년 이상 공무원으로 정년퇴직할 줄 알았는데   213

마치는 글 | 이 세상에는 절대로 당연한 게 없다   218

제1장

정년퇴직 보장되는 공무원이었다

꿈 없이 떠밀려 간호사가 되다

간호과에 입학하게 될 줄 꿈에도 몰랐다. 동기들과 '왜 간호과에 오게 됐는지'에 대해 이야기를 나눈 적이 있었다. "내가 아파서 병원에 몇 달 입원한 적이 있었어. 그때 병원에서 좋은 간호사 선생님을 만났어. 그때부터 나도 저런 사람이 되고 싶더라고." "그냥 어릴 때부터 멋진 간호사가 되는 게 꿈이었어." 나는 그저 성적에 맞춰 간신히 입학했을 뿐인데, 누군가는 오랜 꿈을 품고 간호사가 되기 위해 이 자리에 온 거였다. 나와는 다른 간절함을 가진 사람이 있다는 걸 알았다.

고등학생 시절, 오로지 좋은 대학에 가는 게 목표였다. 무슨 전공을 선택해야 할지, 졸업 후 어떤 일을 하고 싶은지에 대한 계획은 없었다. 그저 '대학 진학'이라는 목표만 정해져 있었고, 목표를 향해 달려가기만 했다. 3학년이 되고 여러 대학교에 수시로 지원했지만, 모두 불합격이었다. 남은 선택지는 정시뿐이었고, 수능에서도 기대했던 만큼 성적을 얻지 못했다. 그런데도 대학에 가야 한다는 압박감에 몇몇 대학교에 원서를 제출했지만, 불합격 통지를 받았다. '과연 대학에 갈 수 있을까?'라는 불안감이 커졌다. 내 앞에 놓인 길에 대해 고민하기 시작했다. 불확실한 미래와 마주하며, 실패한 인생처럼 느껴지던 날들. 눈물을 펑펑 흘리며 잠들기도 했다.

그 시기, 대학병원에서 작업치료사로 근무하던 이모와 전화로 대화를 나누게 되었다.

"어디로 가야 할지 모르겠어요. 대학에 떨어졌다는 생각만으로도 숨이 막혀요."
"간호학과는 어떠니? 간호사는 전문직이고, 환자를 돌보는 보람 있는 일이야."

간호사를 꿈꿨던 적은 한 번도 없다. 대학 진학이 급했다. 특별히 원하는 전공이 없었기에 간호과를 선택했다. 전공 선택에 대한 확신은 없었지만, 대학에 갈 수 있어서 안도감이 들었다. 당시 상황에서는 제일 나은 선택이었다고 스스로 위로했다.

대학교 1학년 초반, 낯선 환경에서 적응하기 쉽지 않았다. 새로운 사람과 분위기에 익숙해지기까지 시간이 필요했고, 전공 수업은 어렵고 흥미조차 느껴지지 않아 힘들었다. 자퇴를 진지하게 고민하기도 했다. 그러던 중 마음이 잘 맞는 친구들을 만났다. 친구와 함께하며 쌓은 추억이 내 대학 생활을 즐겁고 활기차게 만들어주었다. 우리는 개그 코드도 잘 맞았고 함께 있을 때마다 웃음이 끊이지 않았다. 수업이 끝나면 "오늘은 뭘 하며 놀까?"라는 고민이 유일한 정도로 재밌는 시간을 보냈다. 친구들이 없었다면, 내 대학 생활은 무미건조하고 외로웠을 거다. 그들의 응원과 지지는 내가 대학 생활을 포기하지 않고 계속 이어 나갈 수 있는 동기가 되어주었다. 친구들은 내 대학 생활의 버팀목이자, 그 시절을 의미 있게 만들어 준 감사한 존재이다.

  대학교 3학년 때는 병원 실습을 다녔다. 실습이 이론 수업보다 재밌겠다고 기대했지만, 현실은 기대와 달랐다. 실습이 시작되면서, 전공에 관한 생각은 또다시 흔들렸다. 환자를 가까이에서 마주하는 일은 책임감을 요구했고, '이 길이 정말 나에게 맞는 걸까?'라는 고민도 깊어졌다. 간호사라는 직업에 관해 불안을 느끼기 시작했다. 그때 내 주변에서 재수나 편입을 통해 새로운 전공을 찾는 친구들이 있었다. 나 역시 편입을 고민했다. 하지만 '이미 수능에서 실패한 내가 또다시 성공할 수 있을까?'라는 생각에 도전하지 못했다. 실패에 대한 두려움이 스무 살 초반, 나를 가로막았고 결국, 현재 선택을 받아들이며 도전하지 않았다. 시간이 지나면서 체감했다. 도전에는 나이가 없다. 실패를 두려워하지 않고 나를 믿고 한 걸음 내디딜 수 있는 용기를 낼 수만 있다면, 언제든 새로운 출발을 할 수 있다.

  간호사로 일하려면 간호사 국가고시에 합격해야 한다. 전공 공부가 재미없었지만, 그래도 '간호사 국가고시 합격'이라는 목표가 있었기에 끝까지 해낼 수 있었다. 매 순간 최선을 다하지 못했다고 느꼈지만, 목표가 있었기에 방향을 잃지 않을 수 있었다. 분명한 목표는 어려운 과정을 버티게 한다.

 대학교 졸업 후 유럽여행을 다녀왔다. 유럽 내 여러 박물관과 미술관을 돌며 세계적인 명작을 감상할 때 느낀 설렘은 아직도 생생하다. 고흐, 모네 등 유명 작가 그림을 보며 문득, '나만의 색깔로 내 삶의 그림을 그려보고 싶다'라는 생각이 스쳤다. 체코에서 스카이다이빙을 했다. 평생 잊지 못할 경험이 됐다. 놀이기구조차 무서워하던 내가 하늘에서 몸을 던질 수 있을 거라곤 상상도 못 했다. 상공 4,000m 높이에서 뛰어내리는 순간, 두려움이 벅찬 해방감으로 변했다. 하늘 아래 펼쳐진 풍경 속에서, 나 자신이 생각보다 강하고 무엇이든 해낼 수 있는 사람이라는 걸 알았다. 스카이다이빙을 마치고 땅에 발을 디딜 때, '스카이다이빙도 했는데 앞으로 무엇이든 해낼 수 있어.'라고 되뇌었다. 나라를 이동할 때는 유레일 기차를 이용했다. 혼자 여행하며 나 자신과 마주하는 시간이 많았다. 꿈이 없는 채로 간호과에 진학했던 지난날도 떠올랐다. 창밖으로 지나가는 풍경을 보며 이런 생각을 했다. 그동안 내가 걸어온 길을 돌아보니 앞으로도 많은 선택의 순간이 오겠지. 내 안에 호연지기를 키워 씩씩하게 나아가야겠다고 다짐했다.
 여행을 다녀온 뒤, 사진과 글을 정리해 문서로 남겼다. 가끔 그 기록을 들춰보며, 그때의 나를 만난다. 누군가와 함께 추억을 곱씹을 수는 없지만, 나는 나 자신과 충분히 추억을 나눈다. 그 시절, 그곳에서 마주한 설렘과 다짐, 내가 발견한 용기는 여전히 내 안에서 빛나고 있다.

꿈 없이 떠밀려 했던 선택과 시간이 아이러니하게도 지금 내가 살아갈 방향을 제시해 준다. 당시에는 어떤 선택이 옳은지 확신할 수 없었고, 무언가를 시도할 용기도 부족했으며, 실패를 두려워했다. 지금은 다시 시작할 용기와 자신감이 중요하다는 걸 안다. 인생을 변화시키려면 용기가 필요하다. 지난 일은 지나간 대로, 있는 그대로 받아들여야 한다. 과거를 바꿀 수는 없다. 돌아보면 방황하고 고민했던 시간이 오늘 내가 걸어가는 길의 밑거름이 되었음을 감사한다. 그 시절에는 힘겹게 느껴졌던 결정이, 시간이 흐르며 나에게 가치를 부여해 주었음을 배웠다. 결국, 모든 선택과 경험은 나를 성장하게 만드는 재료가 된다.

지난 모든 경험이 나를 만들었다.

불만 불평 최고조 간호 3년 차

 물에 빠져 코마(의식불명) 상태로 온다는 환자, 오토바이 사고로 온몸이 상처투성이가 된 환자 등 신규간호사 시절, 이런 환자의 병력 조사는 주로 막내 간호사의 몫이었다. 사고 경위, 가족력, 유전력, 기존 병력 등을 보호자에게 하나하나 꼼꼼하게 물어 기록했다. 환자 중 의식이 명료한 경우 직접 물어보고 작성할 수 있었지만, 대부분 환자가 의식이 뚜렷하지 않아서 보호자에게 여쭤보고 작성했다.

 대학병원 중환자실에서 간호사로 첫 사회생활을 시작했다. 큰 병원에서 일한다는 설렘과 중환자실이라는 특수한 환경에서 근무한다는 긴장감이 교차했다.
 오래전이지만, 기억나는 몇몇 환자가 있다. 말씀도 못 하고 움직임도 어려웠지만, 소리를 들을 수 있었던 환자가 있었다. 처음엔 그에게 어떻게 다가가야 할지 막막했다. 환자의 눈 깜빡임. 하나하나가 그의 유일한 언어임을 깨닫고, 그 신호를 진심으로 받아들이기 시작했다. 환자에게 질문을 던지고 눈 깜빡임으로 의사소통했다.

환자가 한 번 깜빡이면 "네, 좋아요, 괜찮아요"를 뜻했고, 두 번 깜빡이면 "아니요, 불편해요, 싫어요"를 의미했다. 우리는 눈빛 교환을 넘어 마음을 주고받는 소통까지 이뤄냈다.

한 할머니의 마지막 순간도 기억난다. 임종을 맞이한 할머니의 가족이 중환자실에 왔다. 할아버지가 할머니 곁에 다가오시더니 할머니 이마에 손을 얹고 오래도록 눈물을 흘리셨다. 두 분의 사랑과 이별의 감정이 주변에 퍼지기 시작해 내게도 전해진 그 순간 나도 눈시울이 붉어졌다.

병세가 나아져 일반병실로 이동했던 환자도 생각난다. 환자분이 내게 정말 고마웠다며 손편지와 초콜릿을 주시며 퇴원했다. 감사 편지는 내가 한 노력이 환자에게 얼마나 큰 의미로 다가갔는지 깨닫게 해줬다. 환자에게 처음 받아본 손편지는 나에게 특별한 의미로 남아, 일하면서 힘든 순간마다 격려가 되어주었다.

중환자실에서는 환자 상태가 시시각각 변하는 상황에 끊임없이 대비해야 했다. 예고 없이 닥치는 응급 상황에서 신중하면서도 신속히 대응했다. 긴장감은 일상이 됐다. 심신을 지치게 했다. 점점 마음속에 해소되지 않는 감정이 쌓여갔다. 스트레스도 날이 갈수록 커져만 갔다. 3교대 근무로 낮과 밤이 뒤바뀌는 생활로 생체 리듬이 무너졌다. 간호사로 일한 지 3년 차인데도 밤에 일하고 낮에 자는 건 익숙해지지 않았다. 이러한 변화에 내 몸은 민감하게 반응했고, 불규칙한 식사로 인해 체중은 눈에 띄게 줄어 7kg 이상 몸무게가 빠졌다. 그때 당시 지인을 만나면 뼈밖에 없다는 이야기를 자주 들었다. 식사를 제대로 챙기지 못하는 날이 이어지면서 체중 감소는 물론, 건강 악화까지 왔다. 몸은 지칠 대로 지쳐서, 에너지가 항상 부족하다는 느낌이 뼛속까지 스며들었다. 쇠약해진 몸으로 일을 지속했다. 고통 그 자체였다.

일 자체 어려움뿐만 아니라, 선배 간호사와 관계도 또 다른 고충이었다. 선배들 사이에는 그들만의 방식과 권위가 있었고, 그 틀에 적응하기 위해 애써야 했다. 일하면서 항상 지적을 받고 혼나다 보니, 무력감이 들었다. 그들의 권위적인 태도는 때로는 불공평하게 느껴졌고, 내 자존감도 갉아먹었다. 자신감을 잃어가는 나를 마주하게 되는 날이 반복되었다. 퇴근 후에도 긴장은 풀리지 않았다. 집에 돌아오면 피로가 나아질 줄 알았지만, 오히려 온몸이 녹초가 되어버렸다. 가족에게 짜증을 내는 일이 잦아졌고, 이해받지 못한다는 서운함에 소통은 줄어들었다. 병원에서 받은 스트레스는 가족 관계마저 삐걱거리게 했다.

어떤 날은 투덜대다가 하루가 끝났다. '힘들다. 하기 싫다. 짜증난다. 화난다. 어이없다.' 이런 생각을 하면서도 결국 할 일은 다 해냈다. 종일 투덜대다가 퇴근하고, 집에 가서도 투덜대다가 잠이 들었다. '이게 뭐 하는 걸까?' 싶다가도, 다음 날 출근하면 또다시 혼자 속으로 투덜대면서 일을 했다. 다시 퇴근하고, 투덜대다가 잠들고, 이 생활이 반복됐다. 내 안에 투덜이 스머프가 들어앉아 사는 기분이 들었다. 투덜대다가 미쳐버리기 직전이었다.

어디를 가나 끝없는 어둠 속을 홀로 걸어가는 기분이었다. 중환자실에서 보낸 날은 긴박함의 연속이었다. 온 정신을 다 해 일에 몰두했고, 퇴근 후에도 머릿속은 병원 일과 환자로 가득 차 있었다. 피로는 누적됐다. 시간이 지나면서 번아웃이 찾아왔고, 출근길이 고통스러웠다. 몸이 지치고 감정이 예민해지자, 불만이 생겼다. 작은 일에도 마음이 흔들리고, 속으로는 끊임없이 자신을 몰아붙였다. '내가 부족한 탓이야.', '내가 더 잘해야 해'라며 스스로 다독이고 애써 미소를 지었다. 억울함이 고개를 들 때도 있었다. 과연 저들도 처음부터 잘했을까? 내 마음속 소란은 멈추지 않았다. 대체 불평과 좌절의 끝은 어디일까. 출근할 때마다, 심지어 쉬는 날조차 피로가 풀리지 않고 따라다녔다. '이 일이 나에게 맞는 걸까.' 되물으며, 마음의 응어리는 쌓여갔다. 고민 속에서도 마음 한구석엔 '이 순간을 어떻게 돌파해야 할까.'라는 질문이 남아 있었다. 무조건 버텨야 하는 걸까, 아니면 다른 길을 찾아야 할까. 고민은 내 감정을 짓누르고, 마음의 동요는 커졌다.

중환자실에서 보낸 하루하루는 나를 단련시키며, 내 안에 흔적을 남겼다. 지친 마음에 불만도 자꾸만 자라났다. 왜 이렇게까지 힘들어야 할까? 이대로 괜찮은 걸까? 신규간호사 시절, 실수도 잦았고, 나 자신을 바보 같다고 느낀 적이 한두 번이 아니었다. 노력해도 나아지지 않는 것처럼 보였고, 실수할 때마다 자책했다. 그런 시간이 반복될수록 나 자신이 부족하고 모자란 사람처럼 느껴지기도 했다. 부정적인 생각이 꼬리를 물고 이어졌다. 무엇인가를 바꿔야 한다는 신호였다. 힘든 상황에 매몰되지 않고, 그 시간에 배우고 성장하기로 했다. 나를 돌아보는 기회로 삼고, 그 속에서 내가 바꿀 수 있는 것을 찾았다. 불평, 불만에서 벗어나 스스로 변화와 성장을 만들어가는 길이 나를 위한 길이었다.

직장에서 마주한 어려움은 처음엔 나를 쓰러뜨리는 거센 바람인 줄 알았다. 시간이 지나고 보니, 오히려 나를 환기해 주는 고마운 바람이었다. 묵은 감정을 날려 보내고, 긍정적인 생각이 자리 잡을 수 있도록 돕는 바람이었다. 시련을 극복할 때마다 한 걸음 성장한 기분이다.

어려움이 찾아와도 그것을 발판 삼아 더 높이, 더 멀리 나아가자.

무작정 퇴사를 했다

 일하면서 답답하고 괴로운 날이 많았다. 처음엔 업무가 버거워서라고 생각했다. 시간이 지나면서 '이 일이 나와 맞지 않는 걸까? 아니면 내가 문제인 걸까?'라는 의문이 들었다. 퇴근하고 나면 녹초가 되어 하루를 마무리했다. 주어진 업무를 감당하며 하루하루를 버텼다. 내가 왜 이 일을 해야 하는 걸까. 정말 하고 싶은 일은 무엇일까. 같은 질문은 애써 외면했다. 그런 고민을 해봤자 답이 나오지 않을 것 같았고, 고민할 여력도 없었다. 그저 하루가 무사히 지나가길 바랐다. 나를 힘들게 하는 일이 없었으면, 감당할 수 있는 일만 내 앞에 주어졌으면 했다. 하지만 병원에서 그런 날은 단 하루도 없었다. 응급 상황은 예고 없이 수시로 찾아왔다. 예상치 못한 변수가 쏟아졌다. 환자의 상태는 순식간에 변했다.

 지친 몸과 마음을 이끌고 퇴근하면 그날 실수와 후회가 머릿속에 맴돈다. 어떤 날은 끝없는 자책 속에서 하루를 마무리했다. 버티다 보니, 어느 순간 나 자신을 잃어버린 기분이 들었다. 간호사라는 직업이 내 인생을 송두리째 지배하는 것 같았다. 이 일을 계속할 수 있을까? 아니, 계속해야만 하는 걸까? 고민은 깊어졌지만, 선뜻 결정을 내릴 용기가 없었다. '어떻게든 버텨야지. 힘든 건 다들 마찬가지잖아.' 스스로 설득하며 버텼지만, 한계가 다가오고 있었다. 중환자실 기계 경고음, 환자 상태를 점검하는 쉴 새 없는 순간. 내 모든 기운을 빨아들이는 듯했다. 이런 날이 반복될수록 기진맥진해졌다. 몸과 마음이 함께 지쳐갔다.

그런 날 속에도 희망의 순간이 있었다. 일이 끝난 뒤 동기들과 함께 맛있는 음식을 먹으며 대화를 나누는 시간은 답답했던 하루에 시원한 숨통을 틔워주었다. "동기 사랑, 나랑 사랑!"을 외치며 건배하고, 함께 웃으며 이야기를 한참 동안 나눴다.

서로의 고충을 누구보다 잘 아는 동기들이 있어서 든든했지만, 몇 개월 후, 함께 시작했던 동기가 하나둘씩 그만두기 시작했다. 처음에는 열 명이었던 동기들. 시간이 흐르며 그들 중 네 명만이 남았다. 떠나는 동기를 보며 상실감이 밀려왔다. 각자 떠나는 이유는 달랐다. 과중한 업무, 인간관계 문제 등. 나도 병원을 그만두고 싶었지만, 무언가가 나를 붙잡고 있었다. 안정적인 월급과, 퇴사 후 두려움이 쉽게 나를 놓아주지 않았다. 결단을 내리지 못한 채, 가족과 친구들, 동기에게 불만을 털어놓았다. 문제는 해결되지 않고 여전히 그 자리 그대로였다. 지쳐가던 어느 날, 친구가 내게 말했다. "힘들면 그만둬도 되잖아. 할 건 많아. 맨날 괴로워하면서 일해야 할 이유가 있는 거야?" 그 말이 내 안에서 울림이 되어 머물렀다. 해방과 불안, 안도와 두려움이 뒤섞인 감정 속에서 결심이 서기 시작했다. '이제는 그만둬야겠다. 더는 견딜 수 없어.' 수간호사 선생님을 찾아갔다.

"수 선생님, 저 그만두고 싶습니다."

 퇴사 의사를 전달했다. 수간호사 선생님은 6개월 기다리라고 하셨다. 병원에도, 나 자신에게도 준비할 시간이 필요하다는 이유였다. 막막했다. 6개월이라는 시간이 이렇게 길게 느껴질 줄은 몰랐다. 시간은 더디게 흘러갔지만, 퇴사 후 계획은 제대로 세우지 않고 오로지 퇴사 날짜만을 기다렸다. 마지막 출근날, 복잡한 감정 속에서 밤 근무를 서게 되었다. 새벽에, 돌보던 환자에게 응급 상황이 발생했다. 순간, 내 몸이 본능으로 반응했다. 한순간도 허투루 쓸 수 없는 상황 속에서, 동료들이 내 곁으로 모여들었다. 그날 밤, 중환자실의 긴장감은 마지막 순간까지 이어졌다. 아침이 되고 마지막 퇴근을 했다. 복잡한 여운으로 가득했다. 퇴근길, 해방감과 아쉬움 사이에서 흔들렸다. 그토록 바라던 퇴사였는데, 중환자실에서 보낸 시간이 내 머릿속에 아른거렸다.

 막상 병원을 떠나고 나니 생각보다 혼란스러웠다. 퇴사만이 답이라고 믿었는데. 병원을 그만둔 후, 무엇을 해야 할지 막막함이 밀려왔다. 처음 몇 달 동안은 그저 흘러가는 시간에 몸을 맡기며 백수로 지냈다. 오랜 피로를 씻어내고, 자유로움을 즐겼다. 시간이 지나자 여유는 차츰 부담으로 다가왔다. '이제 뭘 해야 하지?' 인터넷으로 일자리를 검색했다. 여기저기 이력서를 제출했다. 그러던 중, 공기업에서도 간호사 면허를 가진 사람만 지원할 수 있는 직렬이 있다는 사실을 알게 돼서 지원했다. 서류나 면접에서 탈락하자 초조함은 커졌다. '이대로 괜찮은 걸까?'라는 불안이 머릿속을 짓누르기 시작했다. 병원에서 간호사로 다시 일해야 하나. 아니면 완전히 새로운 길을 찾아야 하는지 고민에 잠겼다.

 가까운 동네 병원에서 다시 일을 시작했다. 병원 근무가 맞지 않아서 몇 개월 전, 병원을 그만뒀는데 결국, 같은 자리로 되돌아온 듯한 기분이 들었다. 반복되는 일상에서 집중력은 떨어졌고, 내가 원하는 방향과 멀어져 가는 듯했다. 새로운 길을 향해 발을 내디디려 했지만, 다시금 길을 잃은 기분에 빠져들었다. 병원에서 다시 간호사로 일하면서 또다시 병원에서 일하는 게 맞지 않는다고 느꼈다. 문제를 피한다고 문제가 사라지지 않는다. 문제를 알았으면 원인과 답을 찾아야 한다. 그때야 '내가 원하는 일자리는 뭐지?' 생각했다. 병원이 아닌 안정적으로 일할 수 있는 직장을 갖고 싶었다. 내가 원하는 업무 환경을 가진 곳을 알아보고 병원을 그만둬야겠다고 생각했다.

 직장을 그만둔다고 모든 게 해결되리라는 안일한 기대가 오히려 나를 혼란 속으로 밀어 넣었다. 퇴사는 문제의 끝이 아니라, 스스로 돌아보고 성장할 기회를 제공하는 시작이었다. 문제를 피하기보다, 마주하며 내 기준을 세우고 헤쳐나갈 용기가 필요하다.

 퇴사를 결심하기까지 시간, 새로운 일자리를 찾기까지 과정은 기다림의 연속이었다. 인내를 배웠다. 기다림 속에서 여러 번 실패를 겪었고, 그때마다 내 한계와 부족함을 마주해야 했다. 역설적으로, 실패는 나를 단단하게 만들었다. 고단했던 순간이 오히려 스스로 성장하는 법을 가르쳐 주었다. 기준을 세우는 일이 필요했다. 남들이 하나둘 그만두기 시작하자 덩달아 퇴사를 결정했던 내 모습을 떠올리며 후회했다. 더는 남의 선택에 휘둘리지 않겠다고 다짐했다. 내 삶의 방향을 정하고 책임져야 한다.

인생의 기준은 내가 만들어야 한다.

간호사를 그만뒀지만, 다시 간호직

 간호사 면허를 활용할 수 있는 다양한 직업 중에서 무엇을 선택해야 할지 고민이 깊어졌다. 병원 밖에서도 면허를 활용할 수 있는 직업을 찾기 시작했고, 두 가지 가능성이 눈에 들어왔다. 공기업 취업과 간호직 공무원. 둘 다 3교대 근무도 없고 평생직장을 보장해 주는 곳이라는 생각이 들었다. 무엇보다 병원 간호사보다는 사무직으로 일하고 싶었다. 우선, 공기업 취업을 목표로 삼았다. 채용공고가 뜰 때마다 이력서를 작성하고 NCS 시험 준비에 몰두했다. 공무원 시험보다 준비할 과목이 적다는 점이 그나마 위안이 되었다. 마음을 다잡고, 여러 공기업에 지원했지만, 서류 전형에서 탈락하기 일쑤였다. 서류를 통과해야 필기시험에 도전할 기회라도 얻는데, 그마저도 쉽지 않았다. 서류 통과와 시험도 합격해서 최종면접까지 간 적도 있었지만 불합격했다. 거듭된 탈락 속에서 '과연 이 길이 맞는 걸까?' 새로운 가능성을 모색해야 한다는 결론에 이르렀다.

 공무원 시험을 준비하기로 했을 때, 한숨을 내쉬었다. 시험은 1년에 단 한 번뿐이고, 준비해야 할 과목은 많았다. 국어, 영어, 한국사

기본 과목 세 개에 두 가지 전공과목까지 5개 과목은 부담이었다. 대학교 졸업 이후 제대로 뭔가를 공부해 본 기억이 없다. 다시 공부하기 두려웠고, 공무원 시험의 높은 경쟁률도 도전을 망설이게 했다. 먼저 간호직 공무원 합격자 후기를 꼼꼼히 읽었다. 합격자 공부법을 보면서 희망이 싹트기 시작했다. '나도 저 사람처럼 하면 공무원 시험에 합격할 거야'라는 기대가 마음속에서 꿈틀댔다. 안정적인 직업인 공무원이 되고 싶었다. 2년 안에 합격하자는 목표를 갖고 도전해보기로 했다.

매일 아침, 집 근처 독서실로 향했다. 걸어서 10분 이내 거리 덕분에 시간을 낭비하지 않고 공부에만 집중할 수 있었다. 몸 상태가 좋은 날은 10시간 넘게 책상에 앉아 있을 만큼 열심히 했다. 모든 날이 순탄하지만은 않았다. 점점 공부의 양이 많아지고 어려워졌다. 오래 앉아 있는 시간이 버거웠고, 체력이 바닥나는 느낌이 들었다. 어떤 날은 몸과 마음이 무겁게 가라앉아 두세 시간만 겨우 공부하고 집으로 돌아오기도 했다. 그렇지만, 공부는 매일 했다. 당연히 시험 전날까지, 독서실로 향했다. 목표를 향해 한 걸음씩 나아간다는 생각이 나를 버티게 했다.

가끔 공부하다가 합격할 수 있을까 라는 생각이 들었다. 불안감과 자신감 부족이 나를 흔들었지만, 강의를 듣고 문제를 푸는 걸 반복했다. 복습을 통해 지식을 반복하며 '할 수 있다'라는 마음이 자리 잡기 시작했다. 처음엔 공부하는 게 버거웠지만, 시간이 흐르면서 변화가 찾아왔다. 막연한 두려움이 사라지고, 쌓여가는 지식과 학습 습관이 자신감을 키워줬다. 언젠가는 내 노력이 보상받을 날이 올 거라 믿으며 성실히 공부했다.

믿음이 흔들린 순간도 있었다. 모의고사 성적이 처참했다. 점수를 확인하고는 숨이 턱 막혔다. '이게 뭐야. 이렇게 부족한데, 시험까지 얼마 안 남았는데.' 불안감이 밀려왔다. '나는 아직도 멀었네. 이걸 어떻게 따라잡지.' 감정을 주체할 수 없었다. 독서실에서 눈물을 흘렸다. 울면서도 공부했다. 어쩔 도리가 없었다. 시험은 불과 한 달도 채 남지 않았다. 당시 선거 일정으로 인해 시험이 작년보다 한 달 앞당겨졌고, 그만큼 준비할 시간이 부족했다. 초조했다. 아무리 해도 부족한 것 같았고, 끝없는 불안 속에서 하루하루가 버거웠다. 하지만 포기할 수는 없었다. '아직 끝난 게 아니야. 마지막까지 할 수 있는 걸 다 해보자.' 집중이 안 될 때마다 진인사대천명을 생각했다. 최선을 다하고 하늘의 뜻을 기다리자!

모의고사 점수에 낙담해도, 불안감에 휩싸여도, 결국 다시 마음을 잡고 공부했다. 내가 할 수 있는 유일한 선택이었다. 노력은 배신하지 않는다. 설령 결과가 원하는 방향으로 나오지 않더라도, 끝까지 해냈다고 자부할 수 있을 거라 믿었다.

2018년 5월, 필기시험과 면접에 합격했다. 합격 소식을 들었을 때 기쁨은 말로 다 표현할 수 없었다. 가슴이 벅차올랐고, 곧바로 네이버 블로그와 카페에 공무원 합격자 수기를 남겼다. 내가 걸어온 길이 누군가에게 도움이 되길 바라는 마음으로 썼다. 꿈을 이룬 순간 남긴 기록이었다.

　신규공무원 오리엔테이션에 참석했다. 그곳에서 만난 동기는 나와 비슷한 고민과 목표를 가지고 있었다. 함께 이야기를 나누며 서로 필기 점수를 공유하던 중, 내가 1등이라는 사실을 알게 되었을 때 느꼈던 짜릿함은 아직도 잊을 수 없다. 한 번도 어디 가서 성적으로 1등을 해본 경험이 없던 나에게 그 순간은 특별한 의미로 다가왔다. 점수 차이는 크지 않았지만, 나 자신에게는 포기하지 않고 끝까지 노력하는 자세가 얼마나 중요한지 알게 해줬다. 처음엔 막막하고 힘들겠지만, 꾸준히 정진하면 원하는 결과를 얻을 수 있다고 확신했다. 어떤 목표를 향해 나아가는 과정에서 힘든 순간이 오더라도 포기하지 말아야 한다. 자신을 믿고 끈기 있게 가야 한다. 공무원 합격은 쉽지 않은 목표였지만, 시간이 흘러 공들였던 결실이 열리는 순간 인내와 꾸준함의 힘을 느꼈다.

　어려움이 있더라도 끝까지 포기하지 않고 노력하면, 원하는 목표에 도달할 수 있다. '노력은 배신하지 않는다.'라는 진리처럼. 내 경험이 공무원 시험을 준비하는 사람에게 희망이 되길 바란다.

　공무원이 정확히 무슨 일을 하는지 알지 못했다. 간호직 공무원이라 하면 보건소에서 일하는 정도로만 막연히 알고 있었고, 구체적인 업무에 대한 이해는 부족했다. 그저 공무원은 편한 직업일 거로 생각했다. 현실은 달랐다. 첫날부터 예상치 못한 바쁨과 복잡한 업무에 당황했다. 업무량은 많고 시간은 턱없이 부족해 적응이 쉽지 않았다. 내가 첫 발령을 받은 곳은 보건소 보건행정과 의약무관리팀이었다. 보건소 진료실에서 일을 시작했다. 민원 접수와 상담을 맡았고, 진료비를 건강보험심사평가원에 청구하는 일도 했다. 이 과정에서 각종 서류와 자료를 검토하는 일이 반복됐다. 또한, 진료실 내 직원 임금을 관리하고, 의약품과 의료 기구 재고를 점검하며 필요한 물품을 적시에 공급하는 일 등도 내 책임이었다. 진료실 운영이 원활히 이루어질 수 있도록 관리했다. 처음에는 일이 익숙하지 않아 긴장돼서 실수도 했지만, 많은 걸 배우고 성장할 수 있는 값진 시간이었다. 6개월 시보 기간을 거치고 정규공무원이 됐고 일도 익숙해져서 자신감도 생겼다.

나는 스물다섯 살에 공무원이 되었다

 공무원 1년 차 시절, 진료실에서 일하던 어느 날이었다. 팀장이 내게 팀에 결원이 생겼으니 이제 진료실이 아닌 사무실에서 일하게 될 거라 했다. 며칠 뒤 새로운 업무 분담이 이루어졌고, 맡은 일이 달라졌다. 진료실에 오는 민원인을 대하고, 물품을 관리하던 익숙한 일이 없어졌다. 다만 진료실 기간제 근로자 임금 관리와 진료비 청구 같은 일부 업무는 여전히 내 몫이었다. 다행히 지난 몇 달 동안 해왔던 일이라 낯설지 않았다. 대신 책상 앞에 앉아 서류와 씨름하는 시간이 늘어났다. 익숙한 일과 새로운 일 사이에서 바쁜 업무가 이어졌다.

 새로 맡은 업무는 의료기기법, 화장품법, 지역보건법 등의 법규를 바탕으로 한 민원 처리였다. 전에 해본 적이 없는 분야였기에 생소했고 어디서부터 시작해야 할지 몰랐다. 법조문 속 단어는 어색했고, 업무절차도 익숙하지 않았다. 혼란스러웠다. 이렇게는 안 되겠다 싶어, 퇴근 후에도 자리에 남아 법령과 지침을 공부했다. 주말에도 사무실에 출근해, 업무 지침을 정리하고, 법 조항을 메모했다. 민원이 한 건 들어올 때마다 법 조항을 찾아보고 사실관계를 파악했다. 이해되지 않는 부분은 동료에게 물었다. 특히 국민신문고와 보건소 홈페이지를 통해 올라오는 민원은 시간과 싸움이었다. 답변 기한이 정해져 있기에, 늦지 않게 사실을 확인하고 신속하게 답변을 작성해야 했다. 일은 예상보다 바쁘고 강도 높은 일이었다. 우선순위를 정리한 뒤, 시급한 일부터 해결해 나가기로 했다. 사무실 책상엔 늘 처리해야 할 민원이 쌓여있었지만, 수첩에 정리해 놓은 법규와 낯선 용어를 보면서 차근차근 업무를 처리했다. 민원 처리 절차를 정리해 두고, 법규마다 대응 방안을 문서로 만들어두었다. 덕분에 민원 대응 속도가 빨라졌고, 일이 하나씩 해결될 때마다 보람을 느꼈다.

매년 상반기, 하반기 두 번에 걸쳐 인사이동이 이루어진다. 일이 익숙해질 즈음이면 인사 발령 소식이 들려오고, 근무지와 팀이 바뀌었다. 인사이동이 시작되며 익숙한 얼굴이 다른 부서로 떠나고, 새로운 동료가 자리를 채웠다. 그렇게 팀 구성도, 내가 맡는 업무도 달라졌다. 이번에는 의료기관 인허가와 민원 업무를 맡게 되었다. 새로운 업무는 처음부터 만만치 않았다. 인허가라는 단어 자체가 어깨를 무겁게 했고, 머릿속을 복잡하게 만들었다. 병원 개원, 휴업, 폐업 절차를 검토하며 허가 여부를 결정했다. 병원에 대한 민원인 요구와 불만을 듣고, 법규에 따라 해결책을 제시하며 조율해 나가는 역할이었다. 절차 하나하나 꼼꼼히 봐야 했고, 작은 실수조차도 큰 책임으로 이어질 수 있었다. 긴장을 늦추지 않고 일했다. 이 업무를 내가 맡는다고 들었을 때, 마음이 무거웠다. 이전에 내 옆에서 이 일을 담당했던 동료 S가 떠올랐다. 민원 전화와 서류 더미에 파묻혀 있던 S. '내가 저 일을 맡게 된다면 과연 잘 해낼 수 있을까?' 막연히 생각했던 걱정이 현실이 되자 부담감이 몰려왔다.

일하면서 독감에 걸려 사흘간 집에서 쉬었던 적이 있었다. 출근 후 마주한 사무실 풍경. 쉬고 돌아와서 그런지 사무실 직원들이 더 바빠 보였다. 국민신문고에 쌓인 민원, 의료기관 행정처분 관련 서류가 책상 위에 쌓여있었다. 숨이 턱 막혔다. '이걸 언제 다 처리하지' 마음이 잠깐 무너졌지만 할 일은 해야 했다. 어디서부터 시작할지 생각하며 우선순위를 세웠다. 국민신문고와 보건소 홈페이지를 통해 접수된 민원 중 마감 기한이 임박한 일부터 하나씩 처리하기 시작했다. 민원마다 사실관계를 확인하고 필요한 자료를 정리해 답변서를 작성했다. 하나씩 일을 해결하면서 마음의 부담이 덜어졌다. 여전히 업무는 산더미처럼 쌓였고 매일 새로운 민원이 이어졌지만, 그 속에서 일이 익숙해지고 있었다.

한 동료가 내게 이렇게 물었다. "그 자리에서 일하면서 어떻게 야근을 안 할 수 있어?" 일의 흐름을 지혜롭게 다루는 법을 터득했기 때문이다. 중요도와 긴급도를 따져서 어디서부터 일을 시작해야 할지, 무엇이 중요한지를 판단했다. 우선순위를 정하고, 순서에 따라 하나씩 일을 처리하는 과정을 통해 업무 처리가 체계적으로 바뛰었다. 예전에는 마감에 쫓겨 허둥대는 일이 많았지만, 이제는 무엇을 어떻게 처리해야 할지 명확하게 보이기 시작했다. 우선순위를 정하고 나니 불필요한 에너지를 덜 소모하면서도 문제를 효율적으로 해결할 수 있었다. 그러니까 업무 시간 내에 오늘 할 일을 다 처리했다. 시간을 효과적으로 분배하고 업무의 우선순위를 조정하는 법을 배웠다. 덕분에 업무가 쌓여도 허둥대지 않고, 내 속도로 차분하게 문제를 풀어나갈 수 있게 되었다. 내가 맡은 일은 민원에 귀 기울이고, 그들의 문제를 해결하기 위해 수많은 법규와 절차를 따르는 일이었다. 공무원이 가져야 할 막중한 책임감이 무겁게 다가오기도 했지만, 하나씩 쌓아 올린 경험은 든든한 기반이 되었다. 여러 가지 일을 하면서 변화에 당당히 맞설 힘을 얻었고, 내 가능성을 확인할 기회가 되었다.

'정해진 환경과 일관된 업무가 주는 안정감' 공무원이 되었을 때 품었던 기대였지만, 현실은 달랐다. 인사이동, 갑작스러운 팀원의 결원으로 인한 업무 재조정 등 모든 게 예상 밖이었다. 그때마다 익숙했던 일을 내려놓고 새로운 업무에 집중해야 했다. 잦은 변화는 일의 갈피를 잡지 못하게 했고, 일 흐름이 끊길 때마다 제자리를 찾기 위해 애써야 했다. 새로운 상황에 적응하는 데는 예상보다 긴 시간이 걸렸고, 마치 내 속도를 시험하려는 듯 예기치 못한 상황이 끊임없이 닥쳐왔다.

환경이 바뀌어도 일을 잘하려면 유연함이 필요했다. 이전에 했던 일과 지금 하는 일 사이에서 공통점을 찾고, 과거의 경험을 바탕으로 문제를 해결해 나갔다. 함께 일하는 동료, 팀장, 과장이 달라지면서 보고방식도 각자의 스타일에 맞게 조정했다. 낯선 환경에서 밀려드는 업무를 하나씩 해결할 때마다 안도감이 찾아왔고, 변화 속에서 단단해지고 있다는 자각이 힘이 되었다. 무언가를 해냈다는 성취감은 불안을 잠재우고, 동기부여가 되어 나를 한 단계 더 끌어올렸다.

시청 업무의 경험으로 알게 된 것

 보건소에서 1년 9개월을 근무한 뒤, 시청 아동복지과로 인사 발령을 받아 이동하게 되었다. 새로운 근무지에 대한 기대감이 내 마음을 채웠다. 보건소 업무 스트레스에서 벗어난다는 생각에도 웃음이 났다. 시청으로 처음 출근하던 날, 햇살을 반사하며 반짝이는 깨끗한 유리 외벽이 나를 맞이했다. 문을 열고 건물 안으로 들어서자, 발걸음이 한결 가벼워졌다. 정돈된 로비와 넓고 깔끔한 복도, 창문 너머로 펼쳐진 탁 트인 풍경은 보건소 분위기와는 확연히 달랐다. 시청은 공기마저 쾌적하게 느껴졌다. 처음 내 자리를 배정받고 책상 앞에 앉았을 때 낯설지만, 설레는 감정이 밀려왔다. 익숙하지 않은 풍경이었지만, 오히려 두근거림을 느꼈다.

 새로운 부서에서 아동을 위한 건강 증진 업무를 맡게 되었다. 당시 코로나19가 한창이던 시기라 대면 프로그램은 모두 중단된 상태였다. 아이들이 집에서도 건강하게 활동할 방법을 찾아야 했다. 책상 앞에 모인 우리 팀은 해결책을 구상하기 시작했다. 집에서 쉽게 따라 할 수 있는 운동과 요리 활동을 통해 활력을 줄 방안을 고민하며 의견을 모았다. 계획서를 작성해 공문을 올리고 사업을 추진했다. 이후 운동과 요리 프로그램을 중심으로 한 비대면 활동을 기획하게 되었다.

운동 프로그램은 줌(ZOOM)을 활용해 실시간으로 진행하기로 했다. 아이가 화면 속 강사를 보며 동작을 바로 따라 할 수 있게 하고 싶었다. 프로그램 방향성이 정해지자, 우리는 전문 업체와 협력해 아이에게 적합한 운동을 맞춤형으로 구성했다. 줌(ZOOM)으로 오리엔테이션을 열던 날, 아이들은 부모님과 함께 화면 앞에 앉아 기대 가득한 얼굴로 바라보고 있었다. 수업이 시작되자 아이들은 처음엔 수줍어했지만, 화면 속 운동 선생님 동작을 따라 하며 집중했다. 한 아이가 화면 속으로 다가와 "선생님, 재밌어요. 이거 다음 주에도 해요?"라며 물었을 때, 미소가 지어졌다.

요리 프로그램은 유튜브(YOUTUBE)를 활용하기로 했다. 아이가 부모님과 함께 요리하며 즐거움을 느낄 수 있도록, 요리법은 간단하면서도 영양가 있는 요리를 준비했다. 우리 팀은 아이들이 요리를 쉽게 따라 할 수 있게 요리과정을 단계별로 나누어 동영상을 촬영했다. 이후 나는 편집을 맡아 요리 흐름을 부드럽게 이어가며, 최종 영상을 완성했다. 영상이 업로드된 뒤 부모님이 보내온 피드백은 감동이었다. 한 어머니는 아이가 만든 요리를 가족과 함께 먹으며, 얼마나 행복했는지 적어 보내주었다. 인증사진 속 아이의 해맑은 미소를 보니, 내 마음마저 밝아졌다.

비대면 프로그램을 준비하면서 예상치 못한 기술적 문제와 변수로 어려움을 겪었다. 줌 연결이 갑자기 끊기기도 하고, 유튜브 영상 편집이 계획보다 오래 걸리는 등. 처음 시도하는 비대면 프로그램이라서 힘들기도 했지만, 프로그램을 통해 아이가 활기를 되찾고 있다는 부모님 말씀이 생각났다. "아이가 운동하고 요리하는 날을 기다리고 있어요!"

 아이 중 정서적 안정을 위해 심리적 개입이 필요한 경우, 협력 병원이나 심리 상담센터에서 치료를 받을 수 있도록 지원하는 사업도 했다. 해당 기관에서는 매달 청구서와 함께 치료 내용을 보내고, 해당 서류를 검토하며 아이들이 어떤 어려움을 겪고 있는지, 치료 과정을 통해 어떻게 변화하고 있는지를 살폈다. 아이가 점점 안정을 찾아가고 있다는 전문가의 소견을 볼 때마다, 이 사업의 필요성을 다시금 실감했다. 아이가 자라면서 신체 건강뿐만 아니라 정신 건강을 돌보는 것도 아이들이 건강하게 성장하는 데 필수적이라는 걸 깨달았다. 아이 한 명이 건강하게 자라기 위해서는 부모님의 양육 방식과 태도, 가정환경, 주변의 관심과 사회적 지지가 함께해야 한다. '아이 하나를 키우는 데 온 마을이 필요하다.' 말처럼, 모두가 함께 돌보는 사회에서 아이가 행복하게 자랄 수 있길 바라면서 일했다.

 코로나19 대유행 상황에서, 우리는 비대면 프로그램 외에도 직접 가정을 방문하며 아이 건강과 안전을 지원하는 일을 했다. 방문 전날 부모님께 전화를 걸어 일정을 확인하며 "내일 마스크와 손 소독제를 전달해 드리고, 아이 건강 체크도 하려고요"라고 설명했다. 방문 준비를 하며 KF94 마스크와 손 소독제, 가정에서 알아야 할 안전 수칙 안내서를 챙겼다. 방문 당일, 문을 열고 나타난 아이는 나를 반갑게 맞아주었다. 아이에게 마스크를 건네며 "이거 꼭 쓰고 다녀야 해요."라고 당부했다. 아이는 진지한 표정으로 "네. 선생님"이라고 대답했다. 끝으로 아이와 부모님께 안전 수칙을 설명하며 그들의 걱정을 조금이라도 덜어줄 수 있었던 그 순간, 우리가 그들의 일상에 안정감을 주는 보호막이 될 수 있다고 느꼈다. 아이가 밝은 얼굴로 웃을 때마다, 코로나19 대유행 상황 속에서 내가 하는 일은 직업 이상의 의미가 있었다. 이전 부서에서는 민원 해결에 몰두하며 지칠 때가 많았다. 여기서는 아동을 위해 프로그램을 기획하고 그들과 소통하는 일에서 순수한 기쁨을 느꼈다. 그들의 웃음은 내가 앞으로도 많은 사람에게 따뜻함을 전하고 싶다는 의지를 다지게 했다.

아동복지 업무를 맡으며 사회복지라는 분야에 자연스럽게 관심을 두게 되었다. 인터넷에서 '사회복지사 2급' 자격증 정보를 알게 되면서, 공부를 시작하기로 마음먹었다. 온라인 강의와 시험, 리포트를 제출하며 배운 이론은 내가 만난 아이와 가정을 이해하는 데 도움을 주었다. 비록 봉사 시간을 채우지 못해 자격증을 취득하지는 못했지만, 사회복지는 누군가를 돕는 일을 넘어, 그들이 건강한 삶을 누릴 수 있도록 돕는 과정이라는 걸 배웠다.

사회복지에 관한 관심과 열정이 깊어지던 무렵, 다시 보건소로 부서이동을 하게 되었다. 이곳을 떠나야 한다는 소식에 아쉬움과 섭섭함이 교차했다. 시청에서 1년간 근무한 경험은 나에게 길을 열어주었다. 그 안에서 새로운 열정과 꿈을 찾았다. 아동복지 분야에서 내가 느낀 보람과 깨달음으로, 많은 사람에게 행복을 전할 수 있는 일을 하고 싶어졌다. 아동복지를 위해 일했던 시간은 지금의 나를 만드는 데 자양분이 되었다. 그때 만났던 아이들 덕분에 아이의 눈높이에서 세상을 바라보는 법을 배웠다. 지금은 유치원생부터 중학생 대상으로 영어를 가르치고 있다. 아이들의 무궁무진한 가능성을 키워주기 위해 매 수업 마음을 다해 아이들을 만나고 있다.

코로나19 속에서 맞이한 보건소의 현실

 코로나19가 퍼지기 시작하던 시절, 보건소는 그야말로 아수라장이었다. 평소와는 다른 긴장감이 가득했고, 업무는 전반적으로 새롭게 재편되었다. 우리 지역에서 첫 확진자가 나오자, 시민들은 보건소로 전화하기 시작했다. 마치 끊임없이 밀려드는 파도처럼, 한 통의 전화가 끝나기가 무섭게 또 다른 전화가 이어졌다. 수화기를 내려놓자마자 또 벨이 울렸고, 우리는 쉴 틈 없이 전화를 받고 같은 설명을 반복했다. 당시 코로나19는 누구에게도 익숙하지 않은 미지의 질병이었다. 바이러스가 정확히 어떻게 전파되고, 감염되면 어떤 증상이 나타나는지, 어떤 치료가 가능한지 알지 못했다. 이런 상황에서 지역사회에 확진자가 발생했다는 소식은 공포 그 자체였다. 시민은 자신과 가족이 낯선 바이러스에 감염될까 두려워했다. 그들 목소리에는 떨림과 불안이 가득했고 자신의 건강뿐만 아니라 사랑하는 가족 안전을 걱정하는 마음이 담겨 있었다. 온종일 이어지는 전화벨 소리에 몸은 녹초가 됐지만, '설명 덕분에 안심이 됐다'라는 말 한마디에 힘이 났다. 시민에게 신속하고 정확한 정보를 전달하는 건 중요하다.

확진자가 발생하면 보건소 직원은 확진자가 며칠 동안 어디를 방문했는지, 누구와 접촉했는지를 추적하는 '역학조사'를 했다. 확진자 동선을 조사하는 일은 긴급하게 이루어졌다. 감염 확산을 막기 위해 확진자 일거수일투족을 살피고, 가능한 한 빠르게 접촉자를 파악해야만 했다. 검사를 위해 진행한 '검체채취'도 마찬가지였다. 나는 코로나19 검사를 위해 검사자의 비강 깊숙이 면봉을 삽입해 바이러스 샘플을 채취했다. 검사를 기다리는 사람의 긴장된 얼굴을 볼 때마다 내 어깨도 묵직해졌다. "검사 금방 끝나요. 조금만 참아주세요."라고 말하며 그들을 안심시켰다. 우리는 신속하게 검사하고, 결과를 전달하는 데 집중했다. 확산속도가 빨라질수록 우리 하루도 긴박하게 돌아갔다. 기존 업무에 더해진 코로나19 관련 업무는 나를 지치게 했다. 힘든 순간에도 시민에게 필요한 일을 해내야 한다는 사명감이 그나마 나를 지탱해줬다. 이 시기는 매 순간이 위기였고, 그 위기 속에서 우리가 할 수 있는 최선을 다해야만 했다.

 코로나19로 원래 하던 업무에 코로나19 관련 업무가 추가되었다. 기존 민원을 처리하느라 바빴던 업무가 이제는 코로나19에 맞춘 대응 지침까지 숙지하고 다뤄야 했다. 병원에서는 면회가 제한되었고, 의심환자 방문 시 대응 방법, 의료기관 종사자 필수 검사 규정 등 새로운 지침이 쏟아졌다. 규정 하나하나가 의료기관에 변화를 불러왔고, 우리는 이를 공문으로 신속히 전달했다. 부서 인원은 그대로였지만, 해야 할 일은 폭발적으로 늘어났다. 작은 물컵에 강물을 담으려는 듯한 벅참이 매일 이어졌다. 우리는 모든 민원에 즉각 대응하며 필요한 정보를 제공하기 위해 노력했지만, 일이 한꺼번에 몰려올 때마다 효율적으로 처리하기가 힘들었다. 사무실에서는 한숨이 끊이질 않았고, 동료 얼굴에는 피로가 역력했다.

나 역시 압박과 스트레스 속에서 일했다. 끝없는 일을 마주하며, 머릿속이 새하얘질 때가 많았다. 이때 같은 인원으로 더 많은 일을 처리하려면, 효율적인 업무 분담과 서로를 돕는 환경이 필요했다. 위기상황에 빠르게 대응하고, 정확한 정보를 제공해야 했다. 부족한 인력은 해결되지 않았지만, 한계를 인정하고 문제를 해결할 방법을 찾아야 했다. 결국, 어려운 상황 속에서도 최선을 다해 함께 나아가는 팀워크가 중요했다. 서로 업무를 나눠가며 끝내 일을 마무리했다. 성취감은 말로 다 할 수 없었다. 위기를 극복하는 힘은 완벽한 조건에서 나오지 않았다. 불완전한 상황 속에서 협력하고 노력하는 데서 비롯됐다.

코로나19가 한창일 때, 보건소 한 팀 전체가 확진되거나 밀접 접촉자로 분류되어 격리되는 사태가 발생했다. 보건소는 그야말로 긴급 상황에 돌입했고, 시청에 있던 간호직과 보건직 인력에 지원 요청이 들어왔다. 그때 두 번 보건소로 파견을 나갔다.

처음 '감염병팀'으로 배치되었을 때, 나를 포함해 일곱 명이 함께 일했다. 바쁘고 힘든 날이 이어졌지만, 여러 사람이 함께 있다는 사실만으로도 무거운 짐을 나누는 듯했다. 누군가 한 사람이 지칠 때면 다른 사람이 그 자리를 채우며 서로 돌아가며 일했고, 덕분에 숨을 돌릴 틈도 생겼다. 모두의 얼굴에는 지친 기색이 가득했지만, 서로의 존재 자체가 위안이 되었다.

하지만 '의약무관리팀'으로 배정되었을 때는 상황이 완전히 달랐다. 혼자서 팀 전체 업무를 도맡아야 했다. 사무실 문을 열고 들어섰을 때, 낯선 공간에 혼자 놓인 내 모습이 유난히 공허하게 느껴졌다. 전화벨은 멈출 줄 몰랐고 벨 소리는 나를 재촉했다. "방금 만나서 같이 밥 먹었던 사람이 확진 판정을 받았는데요. 저는 어떻게 하면 좋을까요"라는 다급한 목소리가 수화기를 타고 이어졌다. 시간은 마치 나를 조롱이라도 하듯 빠르게 흘러갔다. 서류 더미를 쳐다볼 때면 한숨이 저절로 새어 나왔고, 쉴 틈 없이 일했다. 한쪽에서는 쏟아지는 민원 전화가, 다른 한쪽에서는 시급한 코로나19 대응 업무가 나를 기다리고 있었다. 그때 절박함과 지쳐갔던 마음은 오랫동안 내 기억 속에 남아 있다.

코로나19가 터지면서, 한 번도 겪어보지 못한 일이 내 앞에 마구 쏟아졌다. 기존 방식대로 처리할 수 있는 일이 아니었다. 매일 새로운 지침이 내려왔고, 그때마다 대응 방법을 다시 숙지하고 안내문을 새로 작성해야 했다. 하루가 멀다고 상황이 바뀌었고, 변화를 따라잡는 일이 끝없는 경주처럼 느껴졌다. 게다가 모두가 언제든 감염될 수 있다는 불안 속에서 일하고 있었다. 마스크를 착용하고, 손

소독제를 바르는 일이 당연해졌지만, 마음 한구석에는 불안감이 자리 잡고 있었다. 눈앞에 쌓여가는 서류 더미에 압도되면서도, 시도 때도 없이 휴대전화에 울리는 업무 관련 알림을 확인했다.

하루는 '왜 나만 이렇게 힘든 거지'라는 생각에 사로잡혔다. 지쳐가는 마음에 갇혀 내가 세상에서 가장 힘든 사람처럼 느껴졌다. 사무실 구석구석에서 나와 같은 얼굴이 보이기 시작했다. 나만이 아니었다. 각자 자리에서 나와 같은 무거운 표정을 짓고 있는 동료가 있었다. 그들도 보이지 않는 무게의 짐을 짊어지고 있었다. 누구의 짐도 가볍지 않았다. 지금 돌이켜보면 그 시기가 주었던 의미가 명확해진다. 혼란 속에서 빠르게 변화하는 상황에 적응하며, 나 혼자만의 일이 아니라 모두가 함께 이겨내야 한다는 사실을 배웠다. 코로나19가 준 혼란 속에서, 함께 일하는 동료의 진정한 가치를 이해하게 됐다. 당시 내 자리만 보던 시야를 넘어서, 다른 사람 자리에서 보는 자세를 가지고 일했다면 주변 동료에게 힘내라고 한마디라도 더 건네지 않았을까.

공무원이 된 후 찾아온 뜻밖의 질병

 코로나19 관련 업무를 하면서 잊을 수 없는 일이 있다. 2020년 3월, 코로나19 감염자와 접촉한 사람은 자가격리 조치를 받아야 했고, 보건소 직원 중 일부가 확진되었다. 사무실에 남아 있는 직원 접촉 여부를 확인한 끝에, 나와 또 다른 한 명만이 접촉 이력이 없었다. 역학 조사관은 우리 둘을 제외한 모든 직원을 퇴근시켰다. 시간은 이미 밤을 넘어 새벽으로 향하고 있었다. 어둠이 짙어질수록 사무실 공기마저 무겁게 가라앉았다. 새벽 네시가 넘었지만, 우리는 각자 자리에서 역학조사를 했다. 체력은 바닥이 났고, 새벽 공기를 뚫고 퇴근했다. 집에 도착하니 기진맥진한 상태였다. 잠깐 눈을 붙인 후, 몇 시간도 채 지나지 않아 출근했다. 어제 끝내지 못한 일과 원래 맡고 있던 업무가 겹치면서 그날은 유난히 힘겨웠다.

 서류를 계속 확인하고 접촉자와 전화 인터뷰를 하는 등 모든 일이 내 어깨에 무겁게 달렸다. 최선을 다해도 끝이 보이지 않는 업무에 매몰된 채, 차오르는 피로와 함께 내 영혼도 빠져나가는 기분이었다. 그렇게 몇 주 동안 일을 하니까 스트레스와 함께 예민이 극에 달했다. '이러다 정말 미치는 게 아닐까.' 머릿속이 복잡해지면서, 상담이 필요한 게 아닐까 싶었다. 결국, 친구에게 고민을 털어놓던 중, 울먹이며 말했다.

"나, 정신과 병원 가서 상담받아볼까?"

그 말을 내뱉는 순간, 마음 한구석에서 무언가 무너지는 듯한 기분이 들었다. 비록 실제로 정신과 상담을 받지는 않았지만, 그때 처음으로 내 정신이 건강하지 않다는 사실을 깨달았다. 내가 감당할 수 있는 일보다 훨씬 큰 무게를 억지로 짊어지고 있다 보니, 몸과 마음이 동시에 무너져 내리고 있었다. 두통에 시달렸고, 혈압이 높아졌다. 병원 진료를 받았다. 짧은 순간에 건강이 이렇게 나빠질 수 있구나. 몸과 마음이 많이 지쳐서 온전하지 못했다. 그날 이후로 내 몸과 마음을 돌보는 방법을 배워야겠다고 느꼈다. 이제 일이 아무리 바쁘더라도 나 자신을 돌보는 일이 중요하다는 사실을 잊지 않는다. 무작정 버티기보다, 스스로 돌보며 나아가야 한다.

정기 인사이동 때 보건소 '의약무관리팀'으로 또 배치되었다. '의약무관리팀'은 나뿐만 아니라 직원들 사이에서 업무가 힘들어서 기피부서로 유명하다.

공무원 생활 4년 차. 그동안 열심히 일해 왔다. 그러나 마음 한구석엔 설명할 수 없는 공허함이 자리 잡았다. 반복되는 민원과 끊임없는 업무 압박 속에서 하루하루를 살아내고 있었지만, '내가 왜 이 일을 하고 있지'라는 질문이 생겼다. 안정적인 직장과 고정된 수입은 생활을 안전하게 지켜주는 든든한 울타리였다. 울타리 안에서 내가 정말 원하는 걸 외면하며 살아가고 있다는 느낌이 들었다. 반복되는 일상에서 내면을 지탱해 줄 무언가가 없다는 생각에 공허함은 깊어졌다. 민원 처리로 정신없이 하루를 보내면서도, 내 안에서는 의미를 찾고자 하는 갈망이 솟아났다. 바쁘게 일을 해내며 날마다 버텨가고 있었지만, 그 안에서 무너지고 있는 내 모습을 깨닫고 있었다. 시간이 지날수록 내 무기력감은 커졌다. 매일 아침 똑같은 출근길을 운전하며, 업무에 휘둘리는 나 자신이 마치 기계처럼 느껴졌다. 처음에는 몸이 피곤해서 그런 줄 알았다. 주말에 푹 쉬면 다시 예전처럼 활기차게 일할 수 있을 거라고 믿었다. 시간이 지나도 출근길 발걸음은 여전히 무겁다. 업무는 끝이 보이지 않는 듯 늘어나기만 했다. 내가 왜 여기 있는지, 이 일이 내게 어떤 의미가 있는지조차 모른 채 살아가고 있었다. 내가 이걸 왜 하고 있지 명확한 답은 나오지 않았다.

일하면서, 나 자신을 잃어가고 있었다. 동료에게 이야기를 꺼내보았지만, 돌아오는 대답은 "다들 힘들어. 참아."였다. 내 문제는 '힘듦'으로 표현할 수 있는 수준을 넘어섰다. 내 일에 대한 보람을 느끼지 못한 채, 공허함만 쌓여갔다. 공허함은 내 마음에만 머물지 않았다. 몸도 반응하기 시작했다. 속이 편하지 않아 밥을 제대로 먹지 못했고, 잠을 자도 피로는 풀리지 않았다. 아침에 눈을 뜨는 게 힘겨웠다. 내가 이 일을 왜 하고 있는지 알지 못한 채, 버텨내고 있었다. 무기력감은 마치 서서히 스며드는 병처럼 나를 느리게 잡아먹고 있었다. 한순간 다 내려놓고 싶다는 생각이 스쳤지만, 현실적인 이유가 나를 붙잡았다. 안정적인 직장, 고정된 수입, 미래에 대한 보장이 있었지만, 내 공허함을 채울 수 없었다.

 무기력함은 심신을 병들게 했다. 무기력함에 갇혀 많은 시간을 보냈다. 출근하는 아침마다, 침대에서 일어나기 버거운 날이 반복되었다. 아무리 쉬어도 풀리지 않는 피로, 머릿속을 지배하는 '내가 이걸 왜 해야 하지?'라는 질문. 그 질문은 나를 어둠 속으로 몰아넣었다.

 '내가 원하는 건 무엇이고 앞으로 어떻게 살고 싶은 걸까?' 생각했다. 시간이 지날수록 질문은 내 안에서 울림을 주기 시작했다. 안정된 직장을 가졌다는 사실은 분명 안도감을 주었지만, 동시에 그게 내 인생 전부는 아니라는 갈망도 커졌다. '충만한 삶, 내가 의미 있다고 생각하는 일을 하고 싶다'라는 소리가 커져만 갔다. 일터에서 내 삶은 여전히 바쁘게 돌아가고 있었다. 하루도 끊이지 않는 민원은 나를 붙잡아 두었다. 피로와 스트레스는 나를 무기력하게 만들었다. 그런데도 '이대로는 안 된다. 변해야 한다.' 강렬한 내면의 목소리는 나를 변화로 이끌었다. 왜 내가 이 길을 걷고 있는지, 내가 추구하는 삶의 가치는 무엇인지. 비록 답을 금방 찾을 수는 없었지만, 나 자신과 대면하는 시간이었다. 나를 돌아보고, 내 안의 목소리를 들으며, 내가 원하는 삶과 일의 의미를 탐구할 수 있었다. 무기력함 속에서 허우적거리다가 나 자신을 돌아보게 된 시기였다.

제2장

무기력한 삶을 깨부수는 노력

공무원이 되고 얻은 10kg, 잃어버린 나

 공무원으로 일한 지 2년쯤 지났을 때, 체중이 야금야금 불어나더니 몸이 달라지기 시작했다. 아침에 청바지를 입으려다 자크가 잠기지 않는 걸 보고 잠깐 멍하니 서 있었다. 신경 쓰지 않으려 애썼지만, 거울에 비친 살찐 내 모습을 부정할 수 없었다. 헐렁했던 옷마저 답답하게 느껴졌고, 몸 전체가 묵직해졌다. 몸무게를 재보니, 2년 전보다 10kg이 늘어 있었다. 운동해야겠다는 생각은 들었지만, 퇴근하고 집에 오면 아무것도 하기 싫었다. 침대에 몸을 던지고 눈을 감으면 그대로 하루가 끝났다. '이대로는 안 되겠어.' 수없이 다짐했지만, 집에 와서 기계처럼 야식을 먹고 잠들며 또 한 날을 허비했다. 무거워지는 몸과 늘어가는 살덩어리. 이대로 가다가는 살이 더 많이 찔 것 같은 두려움이 엄습했다.

 친구가 카카오톡으로 건넨 바디프로필 사진을 봤다. 사진 속 친구는 완전히 다른 사람처럼 보였다. 다듬어진 몸매와 자신감 있는 표정이 사진을 뚫고 나오는 듯했다. 운동을 통해 만들어낸 결과물이었다. 가슴 한구석에서 묘한 감정이 올라왔다. '나도 저렇게 되고 싶다.' 그 생각이 떠오르는 순간, 내 안에 있던 다이어트 정체기가 흔들리는 기분이었다. 인터넷에서 다른 사람의 바디프로필 사진을 찾아봤다. 매끈하게 정리된 몸과 자부심 가득한 눈빛. 마치 내 안에 이렇게 멋진 모습이 숨어 있다고 말하는 느낌이다. '그래, 나도 한 번 해보자.'라는 결심이 생겼다. 100일 동안 다이어트에 성공해 바디프로필을 촬영하겠다는 목표를 세웠다. 목표가 나를 움직이게 했다. 동네 근처 헬스장에서 1:1 퍼스널 트레이닝(PT)을 시작했다. 오랜만에 하는 운동이라 몸이 내 마음처럼 따라주지 않았다. 기초 체력이 부족했던 내 몸은 서너 번 스쿼트만으로도 금세 지쳤고, 헬스장 거울 앞에 선 내 모습은 땀범벅이었다. 후들거리는 다리, 땀에 젖은 얼굴. 처음엔 그런 모습이 민망했지만, 다이어트에 곧 성공할 내 미래를 상상하며 견뎠다.

 주말이면 침대에 누워 빈둥거리며 시간을 보내곤 했다. 운동을 시작한 후, 주말에도 몸을 움직이고 싶다는 의지가 생겼다. 헬스장에 가지 않는 일요일엔 등산하러 갔다. 처음엔 귀찮게 느껴졌지만, 목표를 떠올리며 산으로 향했다. 신선한 공기를 마시며 자연 속에서 운동하는 기분은 상쾌했다. 오랜만에 내 시간을 가지며, 산을 오르는 동안 내 몸과 마음이 정화됐다. 등산하면서 마음에도 변화가 찾아왔다. 산 정상에서 내려다본 풍경은 마음속 무거운 짐을 덜어줬다. 발걸음 하나가 나를 아름다운 방향으로 이끌었다. 자연 속에서 느낀 긍정 에너지가 스트레스를 날려버렸고, 내가 무기력함을 극복할 수 있다는 자신감을 주었다. 나태했던 주말이 등산으로 활기차고 건강한 시간으로 변해갔다.

체중 감량을 위한 식단관리도 엄청난 도전이었다. 매일 하는 운동만큼이나 어려운 과제였다. 내가 좋아하던 라면, 치킨, 과자를 참는 일은 고문과도 같았다. 트레이너가 정해 준 아침, 점심, 저녁 식단을 따라야 했고, 먹은 음식을 사진으로 찍어 매일 보고했다. 부담스럽고 번거로웠다. 식단관리에 적응하기까지 몇 번이고 포기하고 싶었다. 시간이 지나자, 내 몸이 조금씩 변하기 시작했고 변화가 눈에 보이자, 재미를 느끼기 시작했다.

100일 뒤, 10kg 이상 감량된 내 모습을 보며 믿을 수 없었다. 체중계 숫자가 변했고 거울 속 내 모습도 바뀌었다. 운동과 식단관리를 하면서 몸과 마음이 변했다. 내가 자랑스러웠다. 자신감이 생겼고, 내 안에 자리 잡았던 무기력함이 사라지기 시작했다. 운동과 식단관리는 나 자신을 돌보고 사랑하는 과정이었고, 건강한 삶의 기초를 세우는 일이었다. 내가 겪은 변화는 외형만이 아니었다. 일상에 새로운 활력소가 되었다. 무기력했던 내 일상에 활기를 더하고, 나 자신을 위한 시간을 만들며 내가 얼마나 소중한 사람인지 깨닫게 해주었다. 바디프로필 준비는 나 자신에게 보내는 응원이었다. 앞으로 꾸준히 운동하면서 건강하고 긍정적으로 살아야겠다고 느꼈다.

스튜디오 조명 아래, 카메라에 담긴 내 빛나는 모습도 잊을 수 없는 순간 중 하나였다. 따뜻한 빛이 피부를 감싸고, 사진작가 카메라 셔터 소리가 신나는 음악처럼 울려 퍼졌다. 촬영 준비 과정도 설레었다. 어떤 의상을 입을지, 어떤 자세와 표정으로 내가 이루어낸 결과를 표현할지 고민하는 시간이 즐거웠다. 마치 상상의 퍼즐 조각이 하나씩 모여 완성되는 기분이었다. 내가 고른 옷을 입고 조명 아래에 서자, 설렘이 피어올랐다. 사진작가가 자세와 표정을 알려줄 때마다, 내 몸 움직임 하나하나에 집중했다. 그동안 노력을 축복하는 시간처럼 느껴졌다. 다이어트를 시작했을 때만 해도 진짜 해낼 수 있을까 싶었는데 이뤄내서 행복했다. 촬영이 끝나고 파티를 열기로 했다. 그동안 참아왔던 음식을 자유롭게 먹으며 지난 시간을 되돌아보기로 했다. 오랜만에 들른 빵집에서 고소한 빵을 한입 베어 물었을 때, 어제까지 식단을 철저히 지키던 모습이 떠올라 웃음이 났다. 저녁에는 조개구이집에 가서 마음껏 해산물을 즐겼다. 불에 구워지는 조개 풍미가 끝내줬다. 포만감 있는 저녁 식사가 얼마 만인지 정말 행복했다. 그날 밤, 내 인내와 노력이 결실을 보았음을 온몸으로 느꼈다. 촬영장에서 조명을 받으며 느낀 자부심과 그 뒤에 이어진 자유로운 식사는 다이어트와 노력, 성취라는 단어 의미를 깨닫게 했다.

바디프로필 촬영을 준비하면서 스스로 한계를 극복하며 무언가를 이뤄낼 수 있는 사람임을 확인했다. 외적인 변화는 마음의 변화를 이끌었다. 자신감은 삶을 살아가는 힘이다. 내가 이룬 변화는 나를 발전된 방향으로 이끌며 삶의 또 다른 시작을 열어주었다. 내가 쌓아 올린 시간과 노력은 나의 자부심과 자신감이 되었다.

권태기를 벗어 날 방법은 없을까?

 '일하기 싫다.'라는 생각이 머릿속을 맴돌며 반복됐다. 혹시 이게 직장 탈출 증후군인가? 3년, 6년, 9년 차에 퇴사 욕구가 치솟는다는 '3, 6, 9 증후군'이 나에게도 찾아온 걸까? 책을 읽다가 아인슈타인 말이 머릿속을 파고들었다. "어제와 똑같이 살면서 다른 미래를 기대하는 건 정신병 초기 증세다." 그 말은 내 일상에 던져진 돌멩이 같았다. '어제랑 똑같이 살지 않을 거야. 제발 변하고 싶다.'라는 마음을 먹었다. 미라클 모닝, 영어공부, 재테크 공부에 도전했다.

 자기계발을 하기 위해 새벽 네 시에 일어났다. 평소에 나라면 상상할 수도 없는 일이었지만, 왠지 그렇게 하면 무언가 달라질 거라는 생각이 들었다. 새벽에 일어나서 공부를 해보자. 큰 결단을 내린 기분이 들었다. 아침잠이 많은 나에게 새벽 기상은 말도 안 되는 일이었나. 며칠 하다가, 실패했다. 알람이 울리고, 눈은 떴지만, 몸은 전혀 일어날 준비가 되어있지 않았다. 그냥 자야겠다고 생각하며 다시 눈을 감았다. 몇 번 시도 끝에 인정했다. 이건 내가 할 수 없는 일이구나.

회사에서 늦은 시간까지 일하고 집에 돌아왔음에도, '영어공부라도 해볼까?'라는 생각이 들었다. 영어 단어를 외우거나 강의를 들으며, 틈틈이 공부를 이어갔다. 시간이 지날수록 내가 꾸준히 할 수 있다는 사실을 깨달으며, '이건 내가 할 수 있는 일이구나'라는 확신이 생겼다. '토익스피킹 레벨 6'이라는 목표를 세우고 시험에 도전했다. 동기를 강하게 만들었고, 공부를 지속하는 힘이 되었다. 처음엔 단어도, 문장도 입 밖으로 잘 나오지 않아 답답했지만, 매일 연습을 거듭하며 자신감을 쌓았다. 2주 동안 공부하고 시험을 봤다. 모니터에 뜬 점수는 목표했던 '레벨 6'. '내가 해냈구나' 그 순간, 무엇이든 이룰 수 있다는 이상한 믿음이 생겼다. 단기 목표를 이루며 얻은 성취감은 나를 더 큰 도전으로 이끌었다. 이번에는 영어 회화를 유창하게 구사하는 장기 목표를 세웠다. 6개월간 꾸준히 공부하며, 새로운 문장을 배우고 화상 영어에서 원어민 선생님과 대화할 때 실제로 사용했다. 좌절이 찾아올 때도 있었지만, 점차 나아지는 내 모습을 보며 자신감을 얻었다. 변화가 쌓일수록 할 수 있다는 믿음이 단단해졌다.

 매일 반복되는 직장 생활과 권태로움 속에서 벗어나려면, 나 자신이 변해야 한다. 같은 일을 반복하며 새로운 변화를 기대할 수 없다. 새로운 도전과 목표를 통해 스스로 발전시킬 방법을 찾기 시작했다. 쉬운 과정은 아니다. 예전에는 새로운 일을 시도하려면 두려움이 앞섰고, '내가 할 수 있을까?'라는 생각에 그냥 살던 대로 살자고 체념했다. 이번에는 절박함이 달랐다. 지금 변하지 않으면 안

된다는 절실함이 나를 움직였다. 예를 들어, 미라클 모닝에 도전해 새벽 네 시에 일어나 자기계발을 하려 했지만, 며칠 만에 실패로 끝났다. 도전은 흐지부지되었지만, 처음으로 도전 과정 자체가 나를 바꾸고 있다는 느낌을 받았다. 실패가 끝이 아니라 새로운 시도를 위한 발판이 될 수 있음을 알았다. 이후로 영어공부처럼 꾸준히 이어갈 수 있는 도전을 자연스럽게 찾아갔다. 꾸준히 무언가를 해서 목표를 이루면, 성장 배경이 된다. '내가 할 수 있는 일'을 알아가는 과정은 내 삶에 대한 자신감을 심어주었다. 이제는 같은 자리에서 맴돌지 않고, 새로운 도전을 통해 앞으로 나아갈 수 있었다.

매달 들어오는 고정 수입은 생활비를 간신히 메우는 수준이었다. 꿈이나 목표를 이루기에는 턱없이 부족한 금액이었다. 일상은 안정적이지만, 미래에 대한 불안이 커졌다. 재테크라는 말이 나에게는 먼 이야기 같았지만, '나도 해볼까?'라는 생각이 머리를 스쳤다. 더는 불안한 내일을 마주 하고 싶지 않았다. 우선 부동산과 주식 공부를 시작했다. 처음에는 관련 책을 펼치며 이걸 내가 이해할 수 있을까? 하는 걱정부터 들었다. 용어는 낯설고, 책 내용은 복잡하게 느껴졌다. 차근차근 읽어보니, 조금씩 감이 잡히기 시작했다. '부동산 투자에서는 지역 특성과 개발 계획이 중요하다.', '주식은 기업 분석과 시장 흐름을 이해해야 한다.' 이런 기본 개념부터 익혀나갔다. 경제 뉴스도 챙겨보고, 온라인 강의를 들으며 내가 몰랐던 세계를 하나씩 알아가서 신기하고 재밌었다. '나도 언젠가 재테크

고수가 될 수 있을까?'라는 희망을 품기도 했다. 그렇지만 시간이 지날수록 책에 나오는 용어는 여전히 어려웠고, 이론을 어떻게 실제 투자에 적용해야 할지 감이 잡히지 않았다. 게다가 투자할 돈조차 충분하지 않다는 현실이 나를 붙잡았다. 공부가 무의미하게 느껴졌다. 주식 시세를 분석하고, 부동산 시장 흐름을 이해하려 애썼지만, 복잡하고 부담스럽게만 다가왔다. 결국, 재테크 공부는 내 손에서 멀어졌다.

생각해보니, 나는 남이 좋다고 하는 걸 무작정 따라 하는 경향이 있었다. 미라클 모닝도 그랬다. 새벽에 일어나 자기계발을 하겠다는 결심은 했지만, 며칠 만에 끝나버렸다. 재테크 공부도 마찬가지였다. 주변에서 좋다고 하니 시작했지만, 어렵고 복잡해질수록 흥미를 잃었다. 투자할 돈도 없으니, 이론만 공부하는 게 허탈했다. 남이 좋다고 해서 무작정 따라 하기만으로는 내게 의미 있는 변화를 만들 수 없었다. 이제는 남이 좋다고 해서가 아니라, 내가 하고 싶은 건지 고민하기로 했다.

직장에서도 '내가 바뀌어야 한다.'라는 마음가짐을 가지니, 특별한 일이 생겼다. 민원인 J가 코로나19 치료비 지원에 대해 문의했다. 형식적으로 대하지 않겠다고 마음먹었다. 무엇보다 J가 원하는 게 무엇인지 이해하려 애썼다. 상담을 시작하며 J 목소리에서 느껴지는 걱정과 불안이 고스란히 전해졌다. 그의 상황을 공감하며, 관련 지침을 살펴보고 필요한 정보를 정확히 전달하기 위해 최선을 다했다. 천천히 설명을 이어가자, J는 안정감을 찾아갔다. 내가 제대로 하고 있다는 확신이 들었다. J는 내가 전한 정보 덕분에 치료비 지원에 대한 기대를 품을 수 있었다. 상담을 마친 뒤, J의 "정말 감사합니다"라는 말이 내 마음을 울렸다. 내 진심이 그에게 전해진 걸까. 며칠 뒤, J가 시청 홈페이지 '친절공무원' 게시판에 나를 칭찬하는 글을 올렸다는 소식을 들었다. 생각지 못한 감사 표현에 마음이 뭉클해졌다. 내 행동 하나가 누군가에게 긍정적인 영향을 미쳤고 이렇게 의미 있는 일로 다가올 줄 몰랐다. 공무원은 단순히 서류를 처리하는 직업이 아닌, 시민 어려움을 이해하고, 그들 삶을 조금이라도 더 나아지게 돕는 일을 하는 사람이다. 그날 이후, 진심으로 사람을 대하려고 노력했다.

변화는 결국 행동에서 시작된다. 행동은 삶을 변화시킨다.

엔돌핀을 찾아 준 마라톤

팀원으로부터 '런데이(RUN DAY)'라는 달리기 앱을 추천받았다. 혼자서도 달릴 수 있도록 도와주고 다양한 기능이 있다는 말에 호기심이 생겨 앱을 설치했다. 처음 앱을 열었을 때는 무엇을 해야 할지 막막했다. 메뉴를 하나씩 눌러보며 훈련 프로그램을 확인했다. '30분 달리기 도전'을 선택했다. 이 도전이 나에게 맞는지 알 수 없었지만, 달리기로 살도 뺄 겸 도전해보고 싶다는 마음이 생겼다. 런데이는 체계적인 훈련방법과 일정을 제시하며 나를 이끌어줬다. 훈련 첫날, 1분 뛰고 2분 걷기를 반복했다. 하다 보니 숨이 차서 30초도 제대로 달리지 못한 구간도 있었다. 자괴감이 들었다. 차근차근 훈련을 따라가다 보니 달리기가 수월해졌다. 서서히 몸이 적응하는 느낌을 받았다. 8주가 지났고, 30분 연속 달리기 도전을 했다. 첫 도전은 옆구리가 아파서 15분쯤 달리다 멈췄다. 실패는 예상보다 힘들었지만, 오히려 나를 자극했다. 실패를 딛고 다시 훈련을 이어갔다. 몇 주 후, 30분 연속 달리기를 다시 도전했다. 그동안 훈련이 헛되지 않았음을 느끼며 한 발 한 발 앞으로 나아갔다. 결국, 목표를 이룬 순간 기쁨은 말로 다 표현할 수 없었다. 30초 달리기도 힘들었던 내가 30분을 쉬지 않고 달렸다. 나 자신의 한계를 넘는 길목이었다. 이제 달리기는 내 인생 일부다. 앞으로도 계속 달리며, 오늘보다 나은 내일을 만들어가겠다고 다짐했다.

 30분을 연속으로 뛰며 5km 넘게 달렸다는 걸 알게 되었다. 내 안에 새로운 목표가 떠올랐다. 이번에는 10km 마라톤 완주였다. 30분 달리기를 해낸 자신감은 대단했다. 런데이 앱을 열고 훈련 계획을 세웠다. 일주일에 2~3번씩 꾸준히 달리며 체력을 길렀다. 훈련하면서 고비가 있었다. 비가 오거나 날씨가 추워 훈련을 미룬 날도 있었다. 퇴근 후 피곤한 몸으로 달리기를 할까 말까 고민도 했지만, 목표를 떠올리며 달렸다. 포기하지 않았다. 혼자서 6개월 달리기 훈련을 했다. 마라톤 당일이 됐다. 그날 아침, 긴장과 설렘이 섞인 마음으로 출발선에 섰다. 신호가 울리자, 많은 사람과 함께 달리기 시작했다. 처음에는 가볍게 출발했지만, 시간이 지날수록 체력이 떨어지고 다리가 무거워졌다. 숨이 턱까지 차올랐고, 중간중간 멈추고 싶다는 유혹도 느꼈다. 마지막 오르막길에서는 멈출 뻔했지만, 한 걸음씩 내디디며 끝까지 갔다. 54분 만에 한 번도 쉬지 않고 10km를 완주한 순간, 심장이 터질 듯한 기분과 함께 다리에 힘이 풀렸다. 숨이 차서 말도 잘 나오지 않았지만, 그 모든 고통을 잊게 할 정도로 짜릿한 성취감이 밀려들었다. 몸과 마음이 하나가 되어 이뤄낸 성과였다. 10km 마라톤 완주로 얻은 자신감은 전환점이 되었다. 나에 대한 믿음과 앞으로 어떤 도전도 해낼 수 있다는 용기를 내게 안겨주었다.

 마라톤 대회에 나갈 때마다 남자친구와 함께 달렸다. 우리는 같은 목표를 세웠다. '다치지 말고 완주하기' 선의의 경쟁자로, 든든한 동료로 서로를 응원하며 벌써 다섯 번째 대회를 함께 나갔다. 힘들 때마다 서로를 격려해주는 목소리가 바로 옆에 있다는 사실만으로도 마음이 든든했다. 엎치락뒤치락하며 "이번엔 내가 너 이길 거야"라는 장난스러운 말을 나눈다. 달리는 내내 진지함 속에서도 유쾌함을 잃지 않았고, 함께하는 시간이 달리기를 즐겁게 만들어주었다. 완주를 향해 함께 나아가며, 우리는 서로의 존재가 얼마나 큰 힘이 되는지 깨달았다. 마라톤은 우리 관계를 단단히 만들어줬다.

 2024년 6월, 하프마라톤에 처음 도전했다. 21km 길이는 다른 세계였다. 기분 좋게 출발했다. 트레일마라톤 코스는 숲길 울창한 나무 사이를 지나며 흙길 위를 달렸다. 운동화로 흙을 밟을 때마다 부드러운 소리가 났고, 코끝에 스치는 나뭇잎 향기가 느껴졌다. 가파른 오르막길이 이어지기 시작했다. 발이 흙길 위에서 미끄러질 때마다 균형을 잡으려고 힘이 더 들어갔다. 울창한 나무 사이로 스며드는 햇빛은 아름다웠지만, 이마부터 땀이 주르륵 흘러내리기 시작했다. 반환점을 돌며 다리가 후들거리고, 얼굴에는 힘이 잔뜩 들어갔다. 순간 마음 한편에 이런 생각이 스쳤다. '이대로는 안 되겠다. 힘들어도 웃으며 달려보자.' 억지로라도 입꼬리를 올려 웃으며 뛰기 시작했다. 행복해서 웃기도 하지만, 웃어서 행복해진다는 말도 맞았다. 달리면서 보이는 숲과 풍경이 다르게 보이기 시작했다. 미소는 가쁜 호흡을 정리해줬고, 마음을 가볍게 만들어주었다. 한 걸음씩 내디디며 오르막이 나올 때마다 힘이 빠지는 게 아니라 오히려 의지가 강해졌다. 결승선이 보이기 시작했다. 마지막 힘을 끌어내 달리며 결승선을 통과했을 때, 피로와 뿌듯함이 한꺼번에 몰려왔다. 온몸이 아팠지만, 고통마저 값진 경험으로 다가왔다. 힘든 순간을 버텨내고 나면 더 큰 기쁨과 만족이 찾아온다. 몸소 배웠다. 21km를 끝까지 달리고 나니 '내 한계는 어디까지일까?' 더 큰 도전을 하고 싶었다. 하프마라톤을 뛰면서 포기하지 않고, 달려갔더니 완주에 성공했다. 길이 험난해도 멈추지 않는 한 결국 목표에 닿을 수 있다는 깨달음이었다. 마라톤이 가르쳐준 끈기와 인내를 마음속에 품고서 인생 목표를 향해 웃으며 나아가고 싶다.

'인생은 마라톤이다.'라는 말을 몸소 느낀 하루였다.

오르막길은 오를수록 멈추고 싶은 유혹이 몰려왔지만, 멈추지 않고 앞을 향해 달려갔다. 인생도 비슷하다. 뜻하지 않은 어려움이 닥쳐도 멈추지 않는다면, 언젠가 평지와 바람이 찾아온다. 오르막에서는 천천히, 평지에서는 약간 빠르게, 내리막에서는 몸에 힘을 빼고 달리면서 몸과 기분 상태를 조절했다.

인생도 마라톤도 순간순간 감정과 경험이 쌓여 긴 여정을 이룬다. 멈추지 않고 한 걸음씩 내딛다 보면, 결국 어디든 도달할 수 있다는 희망이 피어난다. 이왕 가는 길. 웃으며, 목표를 향해 나아간다. 느리더라도 멈추지 않고, 내 한계를 넘어 강해지길 희망한다.

남들 다하는 독서 나도 했더니!

 성인이 된 후, 1년에 책 한두 권 읽을까 말까 할 정도로 독서와는 멀어졌다. 아예 책을 읽지 않는 해도 있었다. 독서가 좋다는 이야기는 수없이 들었지만, 막상 책을 펼치면 몇 페이지를 채 넘기기도 전에 책 속 이야기가 희미해지고 눈꺼풀이 무거워졌다.
 어느 날, 회사 근처 서점 알라딘에 갔다. 책 한 권이 눈에 들어왔다.『스물아홉 살, 직장 밖으로 행군하라』책 제목이 마치 내 속마음을 들여다본 듯했다. 그때 나도 스물아홉이었고, 직장 밖으로 나가고 싶다는 마음을 품고 있었다. 저자는 스물아홉 나이에 간호사라는 직업을 내려놓고, 마인드 모티베이터라는 새로운 길을 찾아 나섰다는 이야기를 들려주었다. 몰입 독서를 통해 삶의 변화를 경험했다는 이야기가 내 마음을 건드렸다. '나도 책을 읽으면 변할 수 있을까?'라는 생각이 들었다. 그날 이후, 책을 다 읽고 나면 수첩에 책 제목과 지은이를 적고 감상문을 짧게 쓰기 시작했다. 몇 줄짜리 기록이지만, 내 손으로 남긴 독서 기록은 뿌듯함을 안겨주었다. 수첩 속에 차곡차곡 쌓여가는 책 제목을 볼 때마다 시간을 들여 한 권 책을 완독했다는 성취감이 내 입꼬리를 길게 만들었다. 책 속에서 배운 이야기와 깨달음이 나를 변화시키고 있다는 생각이 들었다.

 서른 살, 직장 생활이 답답해 생각이 많았다. 내가 하는 일을 오래 할 수 있을까?, 나와 맞지 않는 일은 아닐까? 같은 고민이 머릿속을 떠나지 않았다. 즐겁고 흥미로운 일을 하고 싶다는 생각도 있었지만, 막상 계획 없이 회사를 떠날 용기는 부족했다. 결국, 마음은 점점 괴로워졌고, 부정적인 감정만이 쌓여갔다.

 혼란스러운 시기에 『생각이 너무 많은 서른 살에게』라는 책을 읽고 든 생각은 '회사에 대해 불만을 느낀 시간이 후회됐다. 차라리 그 시간에 나 자신을 더 돌아봤다면 어땠을까?'였다. 불만의 원인을 진지하게 탐구하고, 스스로 개선점을 찾아보았더라면 상황이 나아졌을지 모른다. 책 속에서 작가는 "준비가 되었을 때 시작하기보다는, 준비가 덜 되었더라도 먼저 도전해보는 것이 중요하다"라고 말한다. 준비가 완벽히 되기를 기다리다 보면 기회는 지나가 버리기 마련이니, 일단 시작하고 조율해 나가는 과정을 통해 배워야 한다는 메시지가 좋았다. 마이크로소프트, 퀄컴, 구글, 삼성 등 글로벌 회사에서 디자이너로 일한 작가 경험을 담은 내용도 흥미로웠다. 내가 경험해보지 못한 세계에서 열정을 바탕으로 경력을 쌓아가는 작가의 모습이 멋있었다. 특히, 구글에서 동료와 경력 상담을 나누는 장면이 인상 깊었다. 당시 내가 다니던 직장에서는 상상하기 힘든 광경이어서 부러웠다. 책을 읽으며 '내가 사랑하는 일과 삶의 흐름을 만들어가는 자세'에 대한 작가 태도가 부럽기도 했고,

동시에 나 자신도 어떤 방향으로 나아가야 할지 고민하게 되었다. 작가의 메시지처럼 때론 망설임 없이 저지르고 도전해보는 용기도 필요하다고 느꼈다. 책을 통해 내가 무엇을 중요하게 여기는지, 내가 원하는 인생은 어떤 모습인지 진지하게 생각해봤다.

독서는 나 자신을 돌아보게 하고 인생 방향을 정리할 기회를 준다. 누군가가 나에게 "책이 인생을 바꿀 수 있냐?"고 묻는다면 자신 있게 고개를 끄덕일 수 있다. 독서 습관이 쌓이면서, 생각이 긍정적으로 변했다. 책을 통해 배우고, 깨닫고, 내 안의 질문에 답을 찾아가며 내가 원하는 삶에 한 걸음씩 다가가는 지금, 독서는 내 인생 베스트프렌드가 되었다. 앞으로도 매일 독서 시간을 통해, '사는 대로 생각하는 사람이 아니라, 생각하는 대로 사는 사람'이 되겠다고 다짐한다.

여러 책을 통해 감사함의 중요성을 배웠고, 나도 감사 일기를 쓰기 시작했다. 처음에는 형식적으로 쓸 때도 많았다. 오늘 맛있는 점심을 먹을 수 있어서 감사했다. 날씨가 좋아서 감사했다. 같은 내용으로 채워지곤 했다. 꾸준히 쓰다 보니 시선이 달라졌다. 당연하게 여겼던 게 하나씩 소중하게 느껴지기 시작했다. 생로병사 프로그램에서 감사함이 신체에 미치는 영향에 관한 영상을 본 적이 있다. 영상에서는 '감사함을 느끼면 인간의 뇌에서 측두엽이 활성화되면서 사회적 관계 형성에 관련된 부분과 즐거움과 연결된 쾌락 중추가 작용해 도파민, 세로토닌, 엔도르핀 같은 행복 호르몬이 분비된다. 이러한 행복 호르몬은 심장박동과 혈압을 안정시키고 근육을 이완시켜 몸과 마음에 기분 좋은 행복감을 안겨준다.'라고 했다. 내용을 접하고 나서 감사의 힘, 긍정의 힘이 대단하다고 또 느꼈다.

 감사하는 마음을 가지니, 직장 생활에도 변화가 찾아오기 시작했다. 예전에는 지나치기 쉬웠던 순간이 새롭게 보이기 시작했고, 마음이 차분해지고 여유로워졌다. 감사 일기를 쓰기 전에는 일하고도 마음이 허전했다. 이렇게 해봤자 무슨 의미가 있을까? 라는 부정적인 생각으로 하루를 마치는 날이 많았다. 감사 일기를 쓰면서 내가 하는 일이 누군가에게 실제로 도움이 되고 있다는 걸 알았다. 민원을 해결한 날, 고마움을 전하던 사람의 미소가 떠올랐다. 그 순간, 내가 하는 일이 의미 없는 노동이 아니라, 누군가 일상에 도움을 주는 시간이라는 생각이 들었다. 감사 일기를 통해 무심코 흘려보냈던 순간이 새롭게 보이기 시작했고, 직장에서 하루가 이전보다 훨씬 의미 있게 다가왔다. 퇴근 전, 옆 동료가 건넨 "소정 씨, 오늘도 너무 수고했어." 말 한마디도 고마웠다. 동료의 사소한 말이나 도와주는 손길도 진심으로 감사해지기 시작했다. 그들 도움이 이제는 당연하지 않고, 귀해졌다. 예전에는 지나쳤던 평범한 순간이 이제는 감사 일기 속에서 의미 있는 장면이 되었다. 감사 일기를 통해 직장 생활과 동료의 소중함이 새롭게 다가왔다. 덕분에 마음도 한결 가벼워졌다.

책을 고를 때 특별한 기준이 있는 건 아니다. 읽고 싶은 책을 골라서 읽는다. 서점 내 베스트셀러 코너를 기웃거리며 제목이 눈에 띄는 책을 읽기도 한다. 아니면 서가에 놓인 책 중 한 권을 무심코 펼쳐보거나. 우연히 선택한 책이 감동과 깨달음을 안겨줄 때도 많다. 내가 관심 있는 주제를 다룬 책을 찾아 읽기도 한다. 건강을 유지하는 법이나 돈을 효율적으로 관리하는 팁을 배우기 위해서였다. 처음엔 정보를 얻으려는 목적뿐이었지만, 점차 다양한 주제를 접할수록 내 안에 호기심이 켜졌다. 책에서 얻은 깨달음이 쌓이기 시작하자, 내가 읽고 싶은 책을 찾아다니는 과정 자체가 즐거워졌다. 책은 때로 나에게 도피처가 되어주기도 했다. 일이 잘 풀리지 않아 마음이 어지러울 때면, 책으로 들어가 글을 한 줄 한 줄 읽어 내려갔다. 그러다 보면 언제 그랬냐는 듯 복잡했던 마음이 차분해지곤 했다. 책을 읽는 순간만큼은 나를 짓누르던 걱정이 사라지고, 머릿속 혼란스러운 생각도 희미해지는 기분이었다. 책이 주는 지식도 물론 값졌지만, 더 소중했던 건 나 자신과 온전히 마주할 수 있는 시간이었다. 한 페이지씩 넘길 때마다 내 안의 불안과 걱정이 잦아들었다.

  책을 읽으면 헛헛한 마음이 희망으로 채워진다. 책은 읽을거리 이상으로, 내 삶의 지침이자 마음을 정리해주는 존재이다. 내 꿈 중 하나는 매일 책 읽으면서 살기이다. 독서는 이제 나에게 빼놓을 수 없는 일상이다. 책 읽는 시간은 답답한 현실에서 벗어나 나만의 세계로 들어가는 문이다. 독서가 주는 기대와 즐거움은 말로 다 표현할 수 없다. 앞으로 많은 책을 읽고, 더 넓은 세상을 보고 싶다. 독서는 나를 행복으로 이끄는 열쇠가 아닐까? 열쇠로 문을 열 때마다, 다채로운 세계가 나를 기다리고 있다.

플래너로 시작한 나만의 시간 발견

집에 도착하면 책상 위에서 나를 기다리고 있는 자격증 공부. 퇴근 후에도 쉬지 못하고 공부를 이어가야 한다는 생각에 힘들었다. 늦은 시간, 피로는 나를 짓눌렀고, 몸은 쉬고 싶다고 아우성쳤지만, 책을 펼치지 않고 이대로 자기에는 마음이 편하지 않았다. 책상 앞에 앉아 페이지를 넘길 때마다 '과연 이걸 언제 끝낼 수 있을까?' 회의감도 들었다. 자격증을 공부하는 시기에 친구와 한 약속이나 가족 행사는 방해 요소로 느껴졌다. 어쩌다 친구를 만나 놀고 오면, 어김없이 죄책감이 밀려왔다. 공부가 늦어지는 만큼 뒤처지고 있다는 불안감이 나를 괴롭혔다.

SNS에서 우연히 '플래너로 시간 관리를 배우는 모임' 광고를 보았다. 무언가에 이끌리듯 신청 버튼을 눌렀다. 모임을 통해 'PDS 다이어리 작성법'이라는 간단하지만, 효과적인 방법을 배웠다. 곧바로 실천에 옮기기로 했다. 'PDS' 첫 단계는 'Plan'이었다. 하루 전날, 다음 날 해야 할 일을 플래너에 정리하는 시간이었다. 출근, 미팅, 출장 등 필수 일정을 적다 보니, 그동안 놓쳤던 비어 있는 시간이 눈에 들어왔다. 자격증 공부를 위해 매일 두 시간씩 할애하기로 했다. 두 번째 단계는 'Do'였다. 퇴근 후, 플래너에 적힌 공부 시간에 책을 펼쳤다. 어떤 날은 책을 펴자마자 졸음이 쏟아졌지만, 두 시간만 해보자며 스스로 다독였다. 한 줄씩 읽어나가며 목표한 시간을 채우고 나면, 성취감이 느껴졌다. 마지막 단계는 'See'였다. 하루를 마치며 내가 계획했던 일을 얼마나 잘 해냈는지 점검하는 시간이었다. 플래너 위에 체크 표시를 남기며 하루를 정리할 때마다, 시간이 헛되지 않았다는 만족감이 마음을 채웠다. 물론 잘하지 못한 날도 있었다. 그런 날에는 무엇이 부족했는지 돌아보며 다음 날 계획을 정교하게 세웠다. 매일 시간을 계획하고 점검하는 과정은 내 생활을 변화시켰다. 조급함에서 벗어나, 그 시간 동안 최선을 다해 공부에 몰두할 수 있었다. 시험을 치를 때도 준비한 만큼 자신감 있게 문제를 풀 수 있었다. 그날그날 목표를 달성해 나갔더니, 2023년 한 해에 자격증 세 개를 손에 쥐었다. '내가 해냈구나'라는 뿌듯함이 퍼져 나갔다.

이제는 PDS 다이어리로 하루를 정리하며 내일을 준비하는 일이 자연스러워졌다. 출근 시간부터 약속까지 다 적었다. 빈칸이 드문드문 눈에 들어오면 묘하게 반가운 기분이 들었다. '이 시간에 책을 읽자.' 틈새를 활용하며 나만의 시간을 만들어가는 순간, 그제야 하루가 온전히 채워진 느낌이었다. 다음 날 아침, 플래너에 적힌 일정대로 하루를 시작했다. 시간이 흐를수록 하나씩 완료되는 일정이 나를 움직이게 했다. 머릿속에 남은 일을 떠올리며 시계를 확인하는 나 자신을 발견했다. 플래너를 열어 하나하나 체크 표시를 하며 하루를 점검할 때면 뿌듯함이 밀려왔다. 플래너는 일정을 적는 도구를 넘어, 내 하루 작은 순간까지 소중히 담아내는 기록이 되었다. 빈틈없이 채워진 하루를 바라보며, 내가 얼마나 충실히 살아가고 있는지 실감할 수 있었다. 한 달이 지나 새로운 달을 맞이할 때면, 다음 목표를 정하는 일도 자연스러워졌다. '이번 달에는 이만큼 공부를 마치자.' 목표를 적어놓으니 그 목표를 이루기 위해 무엇을 해야 할지 머릿속에 선명하게 그려졌다.

예전에는 바쁜 일상에서 내 시간이 어디로 흘러가는지조차 알지 못했다. 매일 할 일에 쫓기며 허겁지겁 지나갔다. 플래너를 쓰기 시작하면서 하루를 어떻게 보내고 있는지 명확히 볼 수 있었다. 시간을 관리하지 않으면 목표를 달성할 수 없다. 처음에는 시간이 턱없이 부족하다고 느꼈지만, 계획을 세워 작은 시간도 알차게 사용하니 공부에 집중하는 데 도움이 됐다. 시간을 잘 활용해서 원하는 결과도 얻을 수 있었다.

변화는 계획을 세우고 행동으로 옮겨야 시작된다.

PDS 다이어리는 인터넷에서 구매했다. 중요한 건 어떤 다이어리를 쓰느냐가 아니라, 어떻게 활용하느냐는 점이다. PDS 다이어리 첫 단계인 'Plan(계획)'은 하루를 설계하는 과정이었다. 내일 꼭 해야 할 일을 전날 밤에 미리 적어둔다. 필수 일정을 먼저 채워 넣다 보면 하루 빈 시간이 보이기 시작한다. 그 시간을 자기계발에 쓴다. 어떤 날은 한 시간, 또 어떤 날은 두 시간 정도를 확보했다. 다음 날이 되면 'Do(실행)' 단계에 맞춰 계획한 대로 움직이려 노력했다. 퇴근 후 피곤함이 몰려와도, 정해둔 시간에는 책을 펼쳐 공부를 시작했다. 예전 같았으면 '오늘은 너무 피곤하니까 내일 하자'고 미뤘겠지만, 이제는 다르다. 비록 시간이 넉넉하지는 않았지만, 하루를 계획하고 실천해 얻은 1~2시간은 정말 소중했다. 공부에 집중하며 하루하루 보냈다. 실행을 잘할수록 마음이 가벼워졌다. 하루가 끝나면 'See(되돌아보기)'를 한다. 그날 계획을 얼마나 잘 지켰는지, 내가 세운 목표를 얼마나 이뤘는지 점검했다. 다이어리 속에 적어둔 목록을 하나씩 확인하며, 성공과 실패를 기록으로 남겼다. 어떤 날은 계획을 완벽히 실천해 성취감에 웃었고, 어떤 날은 부족한 부분을 되돌아보며 내일 계획을 수정했다. 기록과 점검이 반복되면서, 나만의 시간 관리법을 터득할 수 있었다. 다이어리를 통해 그날 성취와 아쉬움을 기록하다 보니, 일상이 달라졌다. 그저 하루를 '살아가는' 느낌이 아니고, 하루를 '채워가는' 느낌이 들었다. PDS는 내 목표에 한 발짝 가까이 가게 만드는 과정이다. 다이어리 속 기록이 쌓이며, 내 시간은 의미를 얻기 시작했다.

PDS를 알기 이전에는 하루가 왜 이렇게 짧은지 한숨을 쉬며, 해야 할 일을 미루기에 바빴다. 출근하고 퇴근하고, 친구와 약속이 있으면 만나고, 주말엔 그저 쉬었다. 어느새 목표를 세우고, 이루기 위해 시간을 쪼개 써야 한다는 절박함이 생기자, 시간 관리라는 새로운 도구를 받아들였다. PDS 다이어리는 그 도구를 사용하는 법을 알려주었다. 계획하고, 실천하고, 되돌아보는 세 단계를 반복하는 과정이 내 일상의 기둥이 되어주었다. 시간 관리는 바쁜 일정을 조율하는 것이 아니었다. 내가 원하는 목표를 향해 나아가는 과정이었고, 그 길 위에서 발견하는 성취감과 만족감이었다. 여러 자격증 공부를 마치고, 그 과정에서 얻은 성공이 이어졌다. 변화는 특별한 날이나 상황에서 시작되지 않는다. 오늘 내가 내린 결정을 실천하는 행동에서 비롯된다는 사실을. 이제 시간이 없어서 도망치지 않도록 계획을 세우고, 실행하며, 되돌아보는 과정을 반복한다. PDS 다이어리를 통해 배운 시간 관리는 내 미래를 만들어가는 좋은 무기가 되었다.

단 한 사람의 응원이면 충분해

아침 일곱 시, 알람 소리에 눈을 떴다. 어제와 똑같이 오늘도 같은 패턴의 하루가 시작됐다. 서둘러 출근 준비를 하고 문을 나섰다. 회사에 도착해 업무를 시작했다. 모니터를 바라보며 쉴 새 없이 키보드를 치지만, 마음은 왠지 모르게 공허했다. 일하면서 머리 한구석은 이미 집으로 돌아갈 길을 상상하며 시간을 재고 있었다. 퇴근하고 집에 와서, 바로 TV를 켰다. 무엇을 보고 있는지조차 모를 정도로 정신이 멍할 때도 있었다. 내일도 똑같은 하루가 반복될 거라는 생각에 기분이 가라앉았다. 주말에는 침대에 누워 핸드폰만 들여다보다가 문득 시계를 보면 하루가 훌쩍 지나가 있었다. 어릴 땐 주말이면 나가서 놀기에 바빴는데, 그런 열정이 사라진 지 오래였다. 인생이 도돌이표를 달고 같은 노래를 반복 재생하고 있는 기분이었다. 언제까지 이어질까?

이대로 살 수 없겠다는 생각이 들었다. 무기력한 일상을 깨기 위해 내가 할 수 있는 변화부터 시작했다. 먼저 책을 집어 들었다. 책 속에 빠져드는 순간이 오랜만이었다. 책에 몰입했다. 문장을 따라가며 머릿속이 맑아지는 기분이 들었다. 책 한 권을 읽어낸 뿌듯함이 공허함을 채워줬다. 운동도 시작했다. 퇴근 후 운동화를 신고 밖으로 나갔다. 천천히 뛰면서 들이마시는 공기와 함께 내 머릿속에 있던 걱정이 사라졌다. 퇴근 후 달리기는 내게 활력을 불어넣어 주었다. 독서와 운동은 헛헛한 마음을 채우고 나를 어루만져주었다. 타인과의 관계를 통해 얻는 활력과는 다른 느낌이었다. 마치 내 삶을 응원해주는 치어리더 같은 존재였다. 치어리더는 운동선수가 지치거나 위기에 빠졌을 때, 열정적으로 응원하며 다시 힘을 낼 수 있도록 돕는다. 내게 독서와 운동은 내가 지치거나 무기력할 때 그렇게 해주었다. 내가 흔들릴 때마다 중심을 잡아주고, 더 나아갈 수 있도록 응원하는 존재였다.

  연가를 통해 에너지를 충전했다. 연가 당일 아침은 참 여유로웠다. 알람 소리에 맞춰 허둥지둥 일어나지 않아도 됐다. 분주했던 출근 준비 대신 느긋하게 맞이하는 하루가 기다리고 있었다. 좋아하는 커피를 잔에 따라 마셨다. 콧노래가 나왔다. 일할 때 바쁘게 흘러가던 평일 오전 시간이 느긋하게 흘러갔다. 집 근처 공원을 산책하며 여유를 온몸으로 느꼈다. 자연 소리에 귀를 기울이고 집중하다 보니 평소에 갖고 있던 마음속 무거움이 가라앉았다. 머릿속이 맑아지며 새로운 에너지가 채워졌다. 바쁜 일상에서는 느끼지 못했던 자유와 여유가 느껴졌다.
  가끔은 연차를 내고 여행을 떠나기도 했다. 여행을 준비하는 설렘은 출근과 퇴근의 반복된 일상에서 벗어나 낯선 곳으로 떠나는 기쁨을 안겨줬다. 여행지에서 맞이하는 새로운 풍경은 내 일상을 채워주는 또 다른 힘이었다. 맛있는 음식을 먹고, 많이 걷고, 평온한 시간을 누린다. 쌓였던 스트레스가 녹아내렸다. 돌아오는 길엔 새롭게 충전된 기운으로 일상에 복귀한다.

연차가 주는 여유시간은 나 자신을 돌아보며, 나를 응원하고 힘을 채우는 시간이었다. 평소엔 미처 느끼지 못했던 일상의 소중함을 깨닫고, 더 나은 나를 만들어가기 위한 용기를 얻는 시간이었다. 가끔 멈추는 게 생활에 새로운 활력을 불어넣는다. 잘 쉬는 날이 필요하다. 쉼이 주는 여유는 행복이다.

때로는 나 자신을 위한 시간을 가지며 스스로 다독이기만으로는 부족하다는 생각이 들었다. 남자친구에게 전화를 걸어서 수다를 가장한 푸념을 늘어놓았다.

"오늘 하루 어땠어?"

첫 마디를 듣는 순간, 참아왔던 말이 쏟아져 나오기 시작했다. 불평은 꼬리에 꼬리를 물고 이어졌고, 하루의 고단함과 짜증이 멈출 줄 모르고 흘러나왔다. 목소리는 커지고, 때로는 울컥 눈물이 차올랐다. 그런데도 남자친구는 한 번도 내 말을 가로막지 않았다. 내가 모든 이야기를 끝낼 때까지 조용히 귀를 기울이며 기다려 주었다. 긴 이야기가 끝난 뒤, 마음이 한결 가벼워졌다. 이렇게 내 속 이야기를 마음껏 털어놓을 수 있는 사람이 내 곁에 있다는 게 얼마나 고마운지. 문득 이런 생각이 들었다. 그는 내가 이렇게 쏟아내는 이야기를 듣느라 얼마나 지칠까? 아무 말 없이 내 투정을 받아주는 모습에 미안함과 고마움이 동시에 밀려왔다. 그는 한결같이 내 편에 서서, 내가 가라앉지 않도록 나를 붙잡아 준다. 그가 내 곁에 있어 얼마나 든든하고 감사한지. 나를 무한 응원해주는 그가 사랑스럽다. 그는 내가 힘들어하는 부분을 이해해주고, 자신만의 방식으로 위로와 조언을 해준다. 내가 미처 생각하지 못했던 새로운 관점이나 해결책을 제시하며, 내 마음을 다독였다. 내가 하고 싶은 일이 잘 풀리지 않거나, 공부가 어려워서 포기하고 싶었던 날에 그의 말이 큰 힘이 되었다.

"네가 얼마나 노력하는지 내가 알아. 그러니까, 너는 충분히 잘하고 있어. 잘할 수 있어!"

확신에 찬 그의 목소리가 내 마음을 울렸다. 숨을 고르며 응원의 말을 되새길 때, 가라앉아 있던 내면에 온기가 퍼졌다. 그는 내가 힘들어하는 이유를 알아주고, 긍정적으로 생각할 수 있게 도와준다. 포기하고 싶을 때마다 그의 말 한마디가 내 안에 용기를 불러일으켰다. 따뜻한 조언이나, 가끔은 아무 말 없이 들어주는 그의 태도는 내가 무엇이든 도전할 수 있게 해주는 힘이었다.

일에 지치고, 스트레스를 받는 순간이 많았지만, 그럴 때마다 나를 응원해주는 사람이 있다는 사실은 나를 단단하게 만들었다. 그의 응원 덕분에 나 스스로에게도 '괜찮아 충분히 잘하고 있어'라는 응원을 한다.

탈 공무원, 목표를 갖게 되다

 직장에서 숨은 일꾼 상을 받았다. 성실한 일꾼처럼 보였지만, 속으로는 일에 대한 공허함이 차 있었다. 업무는 착실히 해내고 있었지만, 정작 일하면서 스스로가 희미해지는 기분이 들었다. 매일 같은 업무가 반복됐다. 출근하자마자 퇴근 시간만 기다리는 나를 발견할 때면 이런 생각이 스친다. '이대로 계속 살아갈 수 있을까?' 답답했지만 아무런 계획 없이 직장을 뛰쳐나갈 용기는 없었다. '어떻게든 되겠지'라는 막연한 생각으로 움직일 수 없다는 걸 알고 있다. 이러지도 저러지도 못한 채, 불만과 답답함이 쌓여갔다. 이런 상태에서 벗어나고 싶었다. 내가 느끼는 답답함을 해소하기 위해 여러 가지 시도를 해보기로 마음먹었다. 무엇이 나를 이렇게 공허하게 만들었는지, 내가 원하는 인생은 무엇인지 스스로 찾아보기 위해서라도 말이다.

 책을 읽으면서 예상치 못한 위안을 받았다. 퇴근 후, 방 한편에 앉아 책에 나오는 단어 하나하나에 집중하는 순간, 복잡했던 마음이 차분해졌다. 책 속 이야기를 따라가며, 낯선 사람 삶을 엿보았다. 그들은 나와 다른 길을 걷고 있었지만, 그들의 고민과 성취는 내 마음을 흔들었다. 자기계발서를 읽으며 알게 된 성공한 사람들 경험담은, 내게 용기를 심어주었다. 그들의 결정적인 선택의 순간, 중요한 결단을 내리는 장면을 읽을 때마다, 나도 모르게 내가 가지 않은 길을 간접경험 하는 듯한 기분이다.

  어떤 책에서 목표를 글로 적어보라고 했다. '목표라니, 무슨 큰 꿈이라도 써야 하는 건가?' 쑥스럽고 어색했다. 마음 한구석에 묻어 두었던 바람을 꺼내어보니, 어렴풋하게나마 내가 원하는 게 무엇인지 보이기 시작했다. '나는 무엇을 하고 싶은 걸까? 지금 삶이 정말 나에게 만족스러운가?' 질문 덕분에, 바람이 생겼다. '좋아하는 일을 하며 살아보고 싶다.' 내가 하고 싶은 일을 찾고 직장을 그만두겠다고 결심하고 '탈공무원'이라는 목표를 세웠다.

  공무원으로 안정된 직장을 갖고 있었지만, 그 틀 안에서 느껴지는 답답함이 있었다. 책에서 만난 사람들처럼 나도 내 길을 찾아가고 싶다는 마음이 커졌다. 그들의 용기 있는 도전은 내게도 전염되었고, 어느 순간 내 머릿속에 결심이 자리 잡았다. 지금 일상을 유지하며, 꿈을 향해 한 걸음씩 나아가 보자!

  몇 년째 새해 다짐으로 영어 공부를 계획했지만 실패했다. 영어책을 사거나 영어 강의를 결제했지만, 며칠 공부하고 끝났다. 영어는 마치 나와는 거리가 먼 세계처럼 느껴졌다.

우연히 유튜브에서 영어 발음 강의를 봤다. 화면 속에서 주아 선생님 설명이 시작됐다. '아, 이런 식으로 영어 소리를 내는 거구나.' 잊고 지내던 퍼즐 조각이 제자리를 찾는 듯했다. 영어 소리 원리를 이해하기 시작하자, 머릿속에 흩어진 조각이 하나로 이어지는 느낌이었다. '나도 저렇게 발음할 수 있을까?'라는 생각이 들었다. 주아 선생님이 운영하는 '소리튠영어' 강의를 결제했다. 이번엔 영어 공부 꾸준히 해보자고 다짐했다. '소리튠영어' 강의는 단어를 달달 외우거나 문법을 붙들고 씨름하는 방식이 아니었다. 강의는 '영어 소리' 자체를 배우고 이해하는 데 초점이 맞춰져 있었다. 영어 음소 하나하나 입과 혀 위치를 조정하며 소리를 내는 연습을 반복하고 리듬을 타면서 훈련한다. 영어가 음악처럼 느껴졌다. 처음에는 낯설고 어색했다. 내가 내는 소리가 영어처럼 들리지 않을 때는 실망했다. 하지만 강의를 따라 연습을 거듭할수록 변화가 느껴지기 시작했다. '어머, 나도 이 소리를 낼 수 있구나.' 영어공부가 흥미로워졌다. 매일 연습하면서 '영어 소리'에 대한 이해가 깊어졌고, 발음도 부드럽고 자연스러워졌다. 성취가 쌓이니까 영어가 멀게 느껴지지 않았다. 오히려 더 알고 싶어지고, 더 잘하고 싶어졌다. 내 영어 소리가 변하는 걸 느낄 때마다 영어에 대한 자신감이 차올랐다. 영어가 나와는 거리가 먼 언어가 아니라, 내가 직접 느끼며 다룰 수 있는 언어로 다가오기 시작했다. 매일 '소리튠영어'를 연습하며 6개월이 지났을 때, '소리튠영어' 지도자 과정이 열린다는 소식을 봤다. 왠지 모르게 마음이 두근거렸다. '해보고 싶다'라는 생각이 들었다. 나도 누군가에게 영어 소리를 가르쳐 줄 수 있다면, 그 사람도 내가 느꼈던 흥미와 성취감을 함께 느낄 수 있지 않을까? 영어 소리와 감각을 익히며 새로운 문화를 경험하는 즐거움을 전하고 싶다는 생각이 들었다.

 공무원으로 안정된 삶을 뒤로하고 새로운 길을 꿈꾸기 시작한 후, 더는 과거 익숙한 길을 따라가고 싶지 않았다. 두 가지 목표를 세웠다. 영어 소리 코치와 SNPE바른자세척추운동 강사. "좋아하는 일을 통해 누군가에게 도움을 줄 수 있다면, 내 삶이 얼마나 의미 있을까?" 마음이 뜨거워졌다. 보람과 행복을 느낄 수 있는 길을 가야겠다는 결심이 나를 계속 앞으로 밀어붙였다. 새로운 도전에 나서기 위해 '탈공무원'을 결정했다. 안정된 직장에서 삶은 익숙함을 제공했지만, 동시에 내 마음을 답답하게 가두고 있었다. 내가 진심으로 원하는 일에 대한 열망은 두려움과 망설임을 압도했다. 많은 사람에게 실제로 도움을 주고, 그 과정에서 보람을 느끼겠다는 의지는 내 인생을 송두리째 바꾸는 동력이 되었다.

 '소리튠영어'를 시작하면서, 영어를 배우는 걸 넘어, 많은 이에게 영어 소리와 발음을 통해 자신감을 찾아주는 코치가 되고 싶다는 꿈을 꾸게 되었다. 'SNPE바른자세척추운동'을 통해 건강을 회복하고 자세를 바로잡는 경험을 하며, 많은 사람에게 긍정적인 변화를 선물하는 운동 강사가 되고 싶다는 마음이 들었다. 현재는 두 가지 꿈을 다 이뤘다. 내가 좋아하는 일을 통해 많은 사람에게 가치를 전달하고, 행복하고 의미 있는 일을 하며 살고 있다. 내가 진심으로 즐길 수 있는 일을 하며 살겠다는 목표가 시작이었다. 목표는 삶을 이끄는 강력한 동기이다. 새로운 도전을 향해 달려가는 길 위에서, 더는 익숙함에 안주하지 않고, 내 길을 걸어가며 매 순간 내 삶의 의미를 새롭게 발견하고 있다.

가족의 반대를 무릅쓰다

 조심스럽게 가족에게 내 생각을 말했던 날. 냉담한 반응에 당황스러웠다. 엄마는 내가 공무원이 되었다는 사실을 자랑스러워했다. 그 길을 떠나겠다는 내 결심이 엄마를 실망하게 했을까?

 공무원 시험에 합격했던 날, 우리는 축하파티를 했다. 환한 웃음으로 기쁨을 나누던 그 순간이 기억난다. 하지만 이제, 그때와는 전혀 다른 마음으로 가족에게 내 진심을 말했다.

"몇 년 전부터 공무원이 나와 맞지 않는다고 느꼈어. 이제 해보고 싶은 일이 생겨서 도전해보고 싶어."

"네가 정말 좋아하는 일이라 해도, 쉽지 않을 거야. 그냥 취미로 해. 안정된 일 놔두고 왜 딴 길을 찾으려 해?"

 엄마의 단호한 태도가 마음을 무겁게 했지만, 내 결심을 바꾸지는 못했다. 좋아하는 일을 하며, 나답게 살아가면서도 많은 사람에게 도움을 줄 수 있으면 얼마나 좋을까? 결심을 따라가기로 했다. '소리튠영어'와 'SNPE바른자세척추운동'에서 느끼는 기쁨과 성취감은 내가 원하는 인생 방향을 알려주는 나침반 같았다. 포기할 수 없었다. 가족을 이해시키는 유일한 방법은, 내가 선택한 길 위에서 행복하게 살아가는 모습을 보여주는 거다. 내 결정이 한순간의 변덕처럼 보였나? 진지하게 내린 결정을 존중받지 못한다는 느낌에 마음이 아렸다. 지금은 내 꿈을 이해하지 못했지만, 언젠가 내가 선택한 길 위에서 행복해하는 모습을 통해 가족도 나를 이해해 주리라는 희망을 품었다.

  주말은 소리튠영어와 SNPE바른자세척추운동 지도자 과정에 온 시간을 쏟아 바쁘게 지나갔다. 열정 가득한 날을 보내다 보니, 가족도 내 변화를 알아보기 시작했다. 처음엔 무관심하던 가족이 어느 날부터인가 "뭐 그렇게 열심히 하냐?"며 관심을 보였다. 아침마다 책상에 앉아 공부하는 내 모습, 저녁마다 운동에 몰입하는 나를 지켜보며, 점점 내 노력을 인정하기 시작했다.

  내가 원하는 삶에 가까워지기 위해 행동했다. 단순한 열정이 아니라, 결단을 실천하는 과정이었다. 결단이란 '하겠다'라고 말한 것을 어떤 상황에서도 실천하고 그 결단을 매일 지켜내는 거라고 책에서 봤다. 내가 정말 원하는 것이 있다면, 어떤 일이 있어도 결단을 지키겠다는 마음가짐이 필요하다. 결단을 실천하는 순간, 그 결단이 내 삶의 방향을 바꿔줄 것이라고 믿는다. 나의 변화도 결국 결단의 힘에서 비롯되었다. 더는 그저 바라기만 하는 사람이 아니라, 원하는 삶을 직접 만들어가는 사람이 되고 있었다. 진심은 통한다. 가족은 내 길을 걱정하기도 하지만, 이제는 존중해준다. 내가 원하는 일을 찾기 위해 공무원을 그만두고 소리튠영어와 SNPE바른자세척추운동을 가르치는 일에 매진하며, 나 자신을 성장시키기 위해 끊임없이 노력했다.

동생 혜선이와 사주를 보러 갔다. '만약 사주에서 지금 내가 하려는 게 내 사주와 맞지 않는다고 한다면….' 결정을 내리기까지 얼마나 고민했는데, 두려웠다.

사주를 보시는 분 앞에 마주 앉았을 때, 괜스레 주먹을 꽉 쥐게 됐다. 내 마음속 고민이 들킬 것 같아 말없이 앉아 있었지만, 심장이 빨리 뛰기 시작했다. 그분이 내 사주를 들여다보며 침묵하는 순간, 공기가 무겁게 느껴졌다. 한 시간 넘게 이야기했다. 사주를 봐주는 분이 지금 바꾸려는 그 길이 소정 씨랑 잘 맞아요. 가르치는 재주가 있네. 열심히 해봐요. 좋은 결과가 있을 거라고 말해주셨다.

뭔가 무거운 짐을 내려놓은 듯 몸이 한결 가벼워졌다. 사실 사주를 맹신하지 않지만, 그 말이 안도감을 주었다. 마음 한구석을 짓누르던 걱정이 사라지며, 내 선택이 틀리지 않았다는 생각이 들었다. 자리에서 일어날 때, 홀가분해진 기분으로 혜선이를 봤다. 혜선이도 안심한 듯 미소를 지었다. 재미로 본 사주지만, 위로받은 기분이다. 괜한 걱정에 발목 잡히지 않고, 한 발짝 더 내디딜 용기를 얻었다.

진로를 바꾸기로 마음먹은 뒤, 평소보다 아침에 일찍 일어났다. 책상에 앉아 영어 발음을 연습하고 또 연습했다. 내 노력은 방 안을 가득 채우고도 남았다. 그런 날이 반복될수록, 내가 원하는 일을 하기 위해 열심히 하고 있다는 확신이 들었다. 영어 소리를 가르치는 방법을 배우며, 자신감을 쌓아갔다. 정식으로 소리튠영어 코치가 되기 전에, 온라인 커뮤니티에서 소리튠영어 회원에게 간단하게 영어 발음 피드백을 주는 일을 시작했다. 회원이 코치님 덕분에 발음이 좋아졌다고 남긴 댓글을 읽을 때면, 행복했다. 시간이 지날수록 회원 발음이 좋아지는 모습을 보며, 나도 성장하고 있었다. 그들의 긍정적인 변화를 통해 내가 올바른 길을 걷고 있다는 확신이 들었다.

 퇴근 후 집에 돌아오면 운동복으로 갈아입고 바로 SNPE바른자세척추운동을 시작했다. 내 몸의 원래 자세를 되찾는 운동이다. 처음엔 낯설고 어렵게 느껴졌지만, 꾸준히 하다 보니 익숙해졌다. 굳어 있던 근육이 풀리고 몸이 가벼워지는 기분이 들 때마다, 내가 왜 이 운동을 사랑하게 되었는지 알 수 있었다. 이런 변화를 많은 사람에게 경험하게 해주고 싶다는 마음이 커졌다. 처음으로 사람들 앞에서 SNPE바른자세척추운동을 가르쳤던 날, 떨렸지만 내 말에 따라 동작을 해내는 사람을 보며 희열도 느꼈다.

 엄마는 가끔 왜 그 좋은 공무원을 그만뒀냐고 말씀하신다. 그럴 때마다 내가 하고 싶은 거 하는 지금이 좋다고 말한다. 흔들리지 않는다. 후회하지 않는다. 내가 원하는 일을 찾았고, 그 길 위에서 느끼는 성취와 행복이 소중하다. 새로운 길을 걸으며 나 자신을 이해하게 되었다. 엄마도 언젠가 내가 이 길 위에서 웃고 있는 모습을 보며 안심하시리라 믿는다. 진심으로 원하는 일을 향해 나아가는 지금을 사랑한다.

제3장

갑작스러운 변화보다 서서히 물드는 변화의 시간

10분 독서가 가져다준 변화

 '하루 10분 독서의 힘'이라는 책을 읽었다. 하루에 10분, 딱 그 시간만 독서에 집중하면 된다는 내용이다. 단 10분으로도 삶을 성찰하고, 바람직한 방향으로 이끈다는 저자의 말이 신선했다. 책에서 하루 10분 독서를 효과적으로 실행하는 방법을 단계별로 소개했다. '준비, 몰입, 정리' 각 단계에서 어떻게 집중력을 높이고, 책 속 메시지를 받아들일 수 있는지를 설명했다. 그래도 책을 읽는 내내 마음 한구석에는 의문이 있었다. '이 짧은 시간에 무슨 변화가 생길까? 그저 몇 줄 읽고 끝나는 거 아닌가?' 책을 읽을 때는 적어도 30분 이상 집중해야만 제대로 읽었다고 생각했던 나에게, 하루 10분 독서는 낯선 개념이었다. 고정관념을 버리고 밑져야 본전이라는 마음으로 시도해보기로 했다. 짧은 시간이라도 꾸준히 실천하면, 나에게 어떤 변화가 생길지 궁금했다. 단 10분 동안 책에 몰입하기로 했다. 책을 읽으며 깨달은 방법을 직접 적용해봤다. 내가 얼마나 꾸준히 지속할 수 있을지도 궁금했다. '하루 10분 독서'라는 시도가 내 독서 습관을 어떻게 바꿀지 기대감과 의심이 교차했다.

 독서를 효과적으로 하려면 '준비' 단계에서는 책을 읽을 준비를 하며, 독서를 통해 내가 더 나아지고 발전할 것이라는 자기암시를 한다. '몰입' 단계에서는 치열하게 집중하며 읽는다. 이때 연필이나 형광펜으로 중요한 부분을 표시하며 읽는다. '정리' 단계에서는 읽은 내용을 빠르게 훑어보거나 표시된 부분을 다시 보면서 오늘의 계획을 세우고 "할 수 있다, 이루어진다, 나는 된다." 같은 긍정적인 문구를 기록하며 마무리한다. 처음에는, 이 과정을 그대로 따라 했다. 준비, 몰입, 정리에 각각 10분을 배정하면 총 30분이었는데, 매일 하루 30분을 투자하는 일이 쉽지 않았다. 그래서 방식을 바꿨다. 준비와 정리 단계를 생략하고, 오직 몰입에 집중해 10분만 읽어보기로 했다. 훨씬 수월했다. 부담이 줄어들자 매일 책을 펼치는 일이 자연스러워졌고, 꾸준한 독서 습관을 만드는 데 도움이 되었다. 독서는 시간이 많아야 할 수 있는 게 아니었다. 중요한 건 완벽한 방식보다 지속 가능한 방식이었다.

책을 거의 읽지 않던 내가 매일 책을 읽으려니 쉽지 않았다. '오늘도 읽어야지'라고 다짐하며 책을 들어도, 어색함과 낯섦이 나를 감쌌다. 그래도 10분만 읽으면 돼 라고 스스로 설득하며, 타이머를 맞추고 책을 펼쳤다. 타이머를 보며 '아직 7분이나 남았네'라고 중얼거리며 다시 책에 눈을 고정했다. 책 내용이 머리에 남지 않는 날도 있었다. 그저 시간이 흘러가기 기다리며 읽을 뿐이었다. 이렇게 해서 정말 변할 수 있을까?

긍정적인 변화는 독서에서 시작된다는 말을 떠올리며, 매일 타이머를 맞추고 10분을 채우려 노력했다. 타이머가 울리는 순간, '오늘도 읽었다'라는 뿌듯함이 마음속에 자리 잡았다. 매일 책을 읽었다. 어떤 날엔 아침에 일어나자마자, 대중교통을 이용할 때도 책을 읽기 시작했다. 30분 이상 읽는 날도 많았다. 퇴근 후 지쳐도 타이머를 맞추며 책을 펴는 일이 자연스러워졌다. 딱 10분만 집중해 보자는 다짐은 하루의 피로를 녹여내는 시간으로 변했다. 책 읽기가 익숙해졌다. 독서는 내 일상이 됐다. 책을 읽는 동안 나를 위한 시간이 펼쳐지고, 그 시간이 쌓여가면서 변화가 시작되었다. 하루 10분씩 타이머를 설정하고 읽는 시간이 쌓이자, 일주일에 70분, 한 달이면 300분이 넘는 시간이 되었다. 매일 하는 독서 10분은 내 인생 방향을 서서히 바꾸어 놓았다. 책 속 문장이 내 안에서 울림을 만들었고, 나를 움직이게 했다. 한 달에 서너 권 책을 읽으며, 매일 10분의 힘을 실감했다.

 책을 읽으면서 지식과 상식을 얻고, 세상을 보는 시각이 달라졌다. 처음엔 하루 10분만 책을 읽자는 작은 목표에서 시작했다. 책 속 다양한 이야기와 정보가 재밌었다. 몰랐던 내용이 하나둘 내 안으로 들어오며 생각이 달라지고, 자존감까지 회복되었다.
 공무원으로 일하던 시절, 일이 왜 이렇게 고되고, 일을 왜 하고 있는지 많이 고민했다. 삶에 대한 회의감과 함께 자존감은 낮아졌다. 한 책에서 '행복의 5가지 요소'에 대한 내용을 읽었다. '긍정적인 정서, 몰입, 관계, 의미, 성취.' 이 다섯 가지가 충족될 때 사람이 행복해진다는 내용이었다. 그제야 내가 직장에서 왜 힘들었는지 이유를 알았다. 직장에서는 긍정적인 감정을 느끼기 어려웠고, 업무에 몰입하기 힘들었다. 동료와 관계는 나쁘지 않았지만, 나를 만족시키는 정도는 아니었다. 내가 하는 일이 정말 의미 있는지 확신할 수 없었고, 반복되는 일상에서 성취감을 느낄 기회도 적었다. '그래서 내가 힘들었구나.' 책에서 배운 '행복의 다섯 가지 요소'를 떠올리며 직장 생활을 새롭게 바라보았다. 내가 느꼈던 감정은 단순히 업무 스트레스 때문이 아니라, 행복의 요소가 충족되지 않아서였다는 걸 알게 되었다. 특히 몰입의 부재가 큰 원인이었던 것 같다. 당시에는 '일이 나랑 안 맞나보네' 막연히 생각했다. 책에서 알려준 행복의 요소가 내가 겪은 경험을 해석할 수 있는 실마리를 제공했다. 이제 '왜 행복하지 않을까?'라는 질문에서 멈추지 않고, 행복을 찾는 데 필요한 요소를 고민하게 되었다. 긍정적인 감정, 몰입할 수 있는 일, 좋은 인간관계, 삶의 의미, 성취감을 느낄 수 있는 순간. 다섯 가지가 행복한 삶을 이루는 데 중요하다. 다섯 가지 요소가 어우러지게 살고 싶어졌다.

책은 복잡하고 부정적인 생각을 정리해준다. 답답했던 일상에도 긍정의 빛을 비추어 주었다. 다양한 이야기 속에서 삶에 관한 새로운 관점을 얻었고, 마음 깊은 곳에서부터 변화가 시작됐다. 책을 읽는 시간은 내게 일종의 돌파구가 되었고, 그 순간만큼은 다른 생각을 내려놓고 오로지 책에만 몰입할 수 있었다. 덕분에 부정적인 감정은 잠시 잊고, 책 속 이야기에 집중하며 내 마음은 편안해졌다. 매일 독서는 내 삶을 의미 있게 해주었다. 책은 나를 위로해주고, 혼란스러운 생각을 바로잡아 주는 유일무이한 존재다. 자기계발 책은 꿈과 목표를 갖고 살라는 메시지를 준다. 인생 목표 중 하나를 '행복하게 일하면서 살기'로 정했다. 책을 읽으면서 삶의 방향을 확립해 나가고 있다.

하루 10분 독서는 내 삶에 커다란 변화를 가져왔다. 나를 긍정적이고 행복한 방향으로 이끌어준 성장 동력이 되었고, 이제는 내 삶의 중요한 한 축으로 자리 잡았다.

자기계발의 파이를 늘려준 블로그 글쓰기

유튜브에서 재테크로 돈 버는 사람들 이야기를 접했다. 관심이 생겼다. 부동산, 주식, SNS 등 다양한 방식으로 수익을 창출하는 모습이 흥미로웠다. SNS에 글을 올려 수익을 내는 사람을 보며 '나도 한번 해볼 수 있지 않을까?' 하는 생각이 들었다. 네이버 블로그에 글을 올리기 시작했다. 인플루언서 책을 읽고 온라인 강의를 들었다. 네이버 블로그를 통해 수익을 창출하는 과정이 신기했다. 유명 블로거 일상과 생각을 기록한 글이 많은 사람의 관심을 끌고, 광고나 협찬으로 이어지는 모습을 보며 나도 해보고 싶어졌다. 블로그 글쓰기를 통해 돈을 벌 수 있다는 사실도 충격이었다. 유명 블로거가 되어 글쓰기만으로 수익을 창출할 수 있다는 점이 내 마음을 사로잡았다.

나도 저 사람처럼 하면 가능할까? 희망도 싹텄다. SNS만으로 이렇게 많은 수입을 창출할 수 있다니, 볼수록 놀라웠다. 주변에 그런 사례가 없어서인지 실감이 나지 않았다. 내가 알고 있는 경제 활동이나 돈을 버는 방식은 대부분 오프라인에서 이루어졌다. 온라인 수익 창출이 낯설게 느껴졌지만, 어디서부터 시작해야 할지 고민하던 찰나에 떠오른 생각이 있었다. 어릴 때 만들어놓은 네이버 블로그. '일단 글을 써보자.' 작은 실천이 새로운 길을 열어줄 것 같은 기분이 들었다.

처음에는 '내가 글을 올리면 누가 읽어주기나 할까?'라는 걱정이 앞섰다. 그래도 블로그는 내 관심사와 일상을 자유롭게 기록할 수 있는 공간이라는 점에서 용기를 내기 시작했다. 특히 '꾸준히 글을 올리면 언젠가 나도 유명 블로거가 될 수 있지 않을까?'라는 희망으로 블로그 운영을 했다. 즐거운 목표를 달성하기 위해 블로그에 꾸준히 글을 올렸다. 인기 블로그 운영자가 한결같이 강조했던 '꾸준한 글쓰기'가 성공 비결이라는 말을 믿으며, 긍정적인 마음으로 내 블로그에 글을 작성했다.

블로그 주제는 여행, 독서, 영어공부 등 내 일상이었다. 당장은 수익으로 이어지지 않았지만, 내가 일상을 기록하는 걸 좋아하는 사람이라는 걸 알았다. 특히 책을 읽고 독후감을 남기는 걸 즐거워한다. 예전에는 책을 읽고 나면 수첩에 짧게 메모했지만, 재작년부터는 블로그에 읽은 책 목록과 감상을 정리하기 시작했다. 백 권 가까이 기록했다. 읽은 책에서 인상 깊은 구절을 발췌하고, 느낀 점을 남겼다. 이제는 책을 다 읽고 독서 후기를 블로그에 발행하는 그 순간. 진정으로 한 권을 완독했다는 느낌이 들 정도이다. 독서 후기를 작성하며 책 내용을 한 번 더 이해하고, 내 생각을 차분히 정리하는 시간을 가질 수 있어서 좋다.

달리기를 시작한 이후에도 블로그는 내 기록장이 되어주었다. 처음에는 30분 달리기 과정을 기록했다. 그리고 '10km 마라톤 대회 준비 방법, 대회를 마친 뒤 뿌듯함, 하프마라톤 도전'까지 블로그에 남겼다. 블로그에 적힌 달리기 이야기는 혼자서 준비한 과정과 성취를 고스란히 담고 있다. 기록을 남기는 동안, 달리기 초보라도 꾸준히 준비하고 도전하면 목표를 이룰 수 있다는 희망이 생겼다. 내 경험이 다른 이에게도 영감을 줄 수 있기를 바라는 마음으로 적어 내려갔다.

예전에는 여행을 다녀오면 그날 찍었던 사진과 동영상을 보고 끝났다. 시간이 지나면서 여행지에서 느꼈던 감정과 경험은 희미해졌다. 블로그에 여행 기록을 남기기 시작하면서, 기록하는 과정의 소중함을 깨닫게 되었다. 처음에는 간단한 후기와 사진 몇 장을 올리는 정도였지만, 점차 글 속에 당시 감정과 분위기를 담기 시작했다. 여행하면서 했던 생각과 대화, 그날의 공기와 온기까지. 시간이 지난 후 블로그를 통해 여행 기록을 다시 읽을 때, 마치 그 순간으로 돌아간 듯한 생생한 감각이 되살아났다.

기록을 남기며 알았다. 아무리 멋진 여행이라도 적어두지 않으면 시간이 흐르면서 흐릿해지고 사라진다는 사실. '뭐든 적어야 남는다'라는 생각을 마음에 새겼다. 여행 기록은 내가 경험한 순간을 되새기고, 그 경험에 새로운 의미를 부여하는 과정이었다. 블로그는 내 추억을 안전하게 보관해 주는 값진 공간이 되었다. 블로그에 남긴 여행 후기를 보고 같은 여행지를 방문하거나 내 추천을 참고해 여행을 계획했다는 이야기를 들으면 보람으로 다가왔다. 내 기록이 누군가 새로운 경험으로 이어진다는 사실은 내게 또 다른 의미를 부여했다. 지금도 여행을 다녀온 후 블로그에 글을 남기며, 그곳에서 느꼈던 감정과 경험을 기록하고 있다. 기록은 보물이 되었고, 블로그는 언제든 꺼내 볼 수 있는 나만의 보물상자가 되었다. 기록은 나와 세상을 연결하는 다리이자, 내 삶을 살아있게 만드는 연료가 되었다.

'미국 드라마(미드) 100번 보기'라는 영어공부 방법을 블로그에 적은 적이 있다. 내 글 중 많은 사람에게 사랑받는 인기 글이 됐다. 미국 드라마를 반복해서 100번 보며 영어를 익히는 과정을 기록했고 꾸준히 관심을 끌었다. 많은 사람이 내 블로그를 찾아와 '미드 100번 보기'에 관해 묻기 시작했다. 블로그를 통해 내 경험을 공유하고, 그 경험이 다른 사람에게도 도움이 된다. 뿌듯하다. 미드 한 편을 100번 반복해 본 덕분에, 그편만큼은 영어가 자연스럽게 들리기 시작했다는 경험을 솔직하고 진정성 있게 기록했다. 진심 어린 이야기는 방문자에게도 고스란히 전달되었다. 나 스스로 '미드 100번 보기 메신저'라고 부를 정도로, 이 방법이 효과가 있을까 반신반의하며 시작했지만, 도움이 되었고 그 경험을 다른 사람과 나눌 수 있다는 점이 기뻤다. 블로그에 기록한 경험이 누군가에게 유익한 정보가 될 수 있다는 점을 알았다. 영어 공부에 어려움을 겪는 사람이 내 글을 보고 도움을 받았다고 말할 때마다, 블로그 활동이 헛되지 않았음을 느낀다.

처음에는 '나도 유명 블로거가 되어 글로 수익을 창출하겠다'라는 목표에서 시작했지만, 그 과정에서 내 일상을 기록하고 스스로 돌아볼 기회를 얻게 되었다. 블로그는 내 일상과 경험을 기록하며 나 자신을 이해하고 성장시키는 공간으로 자리 잡았다. 현재도 꾸준히 독서 후기와 일상을 기록하며, 글쓰기를 통해 스스로 돌아보고 발전하는 과정을 즐기고 있다.

영어공부로 열린 새로운 세상

 영어공부를 하다 보니까 영어를 가르쳐보고 싶다는 생각이 들었다. 영어 공부방을 창업해 보고 싶다는 꿈이 마음 한편에 자리 잡았다. 영어 교육에 대한 정보를 알고 싶었지만, 물어볼 사람이 없었다. 인터넷을 검색하다가 우연히 '온라인 테솔(TESOL)'이라는 프로그램을 알게 되었다. (TESOL은 'Teach English to Speakers of Other Languages'의 약자로, 영어가 모국어가 아닌 사람에게 영어를 가르치는 교사를 양성하기 위한 교육과정 및 자격증을 뜻한다) 온라인 검색창에 다양한 프로그램이 나왔지만, 무엇을 선택해야 할지 감이 오지 않았다. 더구나 원어민 강사 수업을 내가 이해할 수 있을지, 여러 불안한 생각이 꼬리를 물었다.

 테솔 자격증에 관심은 생겼지만, '일하면서 할 수 있을까? 지금은 아닌 것 같아.' 같은 핑계로 주저하게 됐다. 며칠 고민하고 몇 번이나 망설인 끝에, 이럴 시간에 차라리 상담이라도 받아보자는 생각이 들었다. 검색했던 사이트 중 괜찮아 보이는 곳에 상담 신청을 했고 샘플 강의를 봤다. 원어민 선생님 강의가 시작되자 빠른 속도와 낯선 단어가 귀로 쏟아졌다. 눈앞에 도전의 벽이 펼쳐진 기분이었다. 상담사로부터 "고객님, 자정까지 결제하면 할인받을 수 있어요"라는 이야기를 들었지만, 며칠 더 생각하고, 테솔 공부를 시작했다. '이왕 시작한 거, 합격하자'라며 다짐했다. 입학 신청서를 작성하고 레벨테스트를 받았다. 이틀 뒤 합격했다는 연락이 왔다. 예습 기간은 두 달이었다. 처음 한 달은 쉽지 않았다. 모든 강의와 과제가 영어로 진행되었고, 한국어 자료는 전혀 없었다. 영어로 강의를 듣고 문제를 풀고 머릿속이 하얘졌다. 번역기를 돌려가며 공부했다. 틈나는 대로 그리고 밤늦게까지 공부했다.

  본 강의는 6주 동안 진행되었다. 강의를 듣자마자 온라인으로 퀴즈를 봤다. 그리고 중간고사, 기말고사, 최종 과제까지 이어지는 강행군이었다. 이걸 다 해낼 수 있을까? 하는 불안감도 있었지만, 주말을 활용해서 진도를 나가고 시험을 쳤다. 온라인이라서 6주 안에 모든 걸 해내면 됐다. 몇 주가 흘렀다. 퀴즈와 중간고사에서 예상보다 높은 점수를 받자, 자신감이 생겼다. 이후 8, 9 모듈 퀴즈에서는 만점을 기록하며 노력의 결실을 맛보았다. 예습한 보람이 있었다. 시험 보고 점수를 보니 안도감이 들었다. 최종 과제를 마친 뒤 3주 후 발표된 성적은 100점 만점에 88.6점이었다. 테솔 디플로마 자격증이 집으로 배송됐다. '이제 나도 영어를 가르칠 수 있겠구나.' 자격증이 영어 교육에 대한 자신감을 선물해주었다. 자신감을 안고 소리튠영어 회사에 이력서를 제출했다. 면접에서 대표님은 "왜 영어 교육과 무관한 일을 하다 테솔 자격증을 땄나요?"라고 물었다. 꾸준히 이어온 영어에 관한 관심과 열정이 테솔 공부를 하게 한 계기가 되었다고 말씀드렸다.

소리튠영어 주아 선생님 설명이 신기하고 재밌었다. 강의를 끝까지 다 들었다. 생각해보니 온라인 영어강의를 완강한 적이 처음이었다. 소리튠영어는 내게 완전히 새로운 세계였다. 영어 음소 하나하나를 소리 내는 법을 알려준다. 흥미로웠다. 매일 영어 소리와 씨름하며 배움에 몰입했다. 소리튠영어 지도자 과정 모집 글을 보았을 때, '내가 소리튠코치를 할 수 있을까?'라는 생각이 떠올랐지만, 잃는 것보다 얻는 게 더 많다는 생각이 들었다. 재택근무의 유연함과 시간 대비 수익, 무엇보다 누군가 영어 소리를 변화시키는 보람이 강한 동기를 부여했다. 내가 소리튠영어를 하면서 느꼈던 즐거움을 다른 사람에게도 전하고 싶었다. 지도자 과정을 시작하며, 회원의 영어 소리를 성장시키고 긍정적인 사고방식을 가질 수 있도록 돕는 코치가 되겠다는 목표를 품었다.

코치가 되기 위해선 내 영어 소리를 다듬어야 했다. 매일 발성 훈련과 발음, 강세, 연음, 호흡에 집중하며 녹음을 반복했다. 주아 선생님이 원하는 영어 소리를 찾아가는 과정은 쉽지 않았지만, 꾸준히 노력하며 변화를 체감했다. 특히 매주 월요일 저녁에 진행되는 주아 대표님 실시간 강의는 큰 힘이 되었다. 강의를 들으며 '나도 저렇게 가르칠 수 있으면 좋겠다'라는 꿈이 커졌고, 과제를 수행하고 매일 피드백을 받는 과정에서 영어 소리는 확실히 좋아졌다. 그리고 2주에 한 번씩 책 한 권을 읽는 독서 미션을 통해 마인드를 다졌다. 6개월 후, 소리 시험과 코칭 시험을 통과하며 소리튠영어 코치 자격을 얻었다. 현재는 소리튠영어 수강생에게 영어 소리 피드백을 제공하고, 실시간 영어강의를 진행하며 새로운 길을 걷고 있다. 직업 변화뿐 아니라, 이 과정을 통해 스스로 성장했음을 느낀다. 소리튠영어는 배움을 넘어, 내게 새로운 가능성과 자신감을 열어준 도전이었다.

  1년 전, 영어공부를 시작했을 때만 해도, 내 삶을 이렇게 변화시킬 줄은 예상하지 못했다. 작은 결심으로 시작한 소리튠영어 공부가 지금 나를 만들어주었다. 5년 넘게 이어온 공무원 생활을 정리하고, 새 직업에 도전하는 과정은 두려움도 있었지만, 소리튠영어 수강생에서 지도자 과정까지 1년간 쌓아 온 노력이 자부심을 심어주었다. 소리튠영어에서 얻은 배움과 성취가 내 인생 방향을 설계하는 데 밑거름이 되었다.

  공부는 사람을 변화시키는 힘을 가지고 있다. 꾸준히 영어공부를 시작한 지 어느덧 2년이 넘었다. 처음엔 영어를 잘하고 싶다는 마음으로 시작했지만, 매일 시간을 들여 발음을 익히고 원어민 소리에 귀 기울이다 보니 내가 걸어갈 길도 바뀌고 있었다. 영어를 읽고, 쓰고, 말하며 쌓아 올린 변화가 내 일상을 바꾸어 놓았다. 영어공부로 다져진 성장과 자신감은 소리튠영어 코치로 이어졌다.

  하루아침에 이루어지는 건 없다. 매일 쌓아 온 노력이 모여 결국 나를 새로운 길로 인도했듯이. 내일 더 발전된 모습을 꿈꾸며 나아가고 있다.

지금 영어공부를 시작하려는 이에게 전하고 싶다. 영어는 언어이기에 매일 말하고 연습하며 꾸준히 익혀야 한다. 꾸준함이 쌓이면 영어 실력이 바뀐다. 시작이 거대한 변화를 만들며, 오늘 그 시작을 내디뎌 보길 바란다.

성취감엔 달리기만 한 게 없다

 30분 달리기를 마치고 집에 와서 바로 샤워했다. 따뜻한 물줄기 아래서 싱글벙글 웃으며 생각했다. 나 너무 멋진데? 대단한데? 기특한데? 스스로 칭찬을 해줬다. 달리기 대회에 나간 것도 아니고, 그저 동네 공원을 혼자 뛰고 왔는데 기분이 좋았다. 하루 24시간 중 내 마음대로 되지 않는 순간이 많지만, 적어도 달리는 30분만큼은 달랐다. 내가 정한 목표를 완수했다는 만족감, 짧은 시간 안에 나를 위해 투자했다는 성취감이 온몸을 감싸며, 다시 또 달리고 싶게 만든다.

 사전에서 성취감이란 '목적한 바를 이루었다는 느낌'이라고 정의된다. 이 단어를 떠올릴 때마다 자연스레 달리기가 생각난다. 달리기와 성취감은 뗄 수 없는 관계다. 처음 달리기를 시작할 때 목표는 단순했다. 30분 동안 쉬지 않고 달리기. 체중 감량을 위해서였지만, 달리기를 통해 다이어트도 하고 자신감도 얻었다!
 달리기 후 밀려오는 성취감은 엄청나다. '내가 해냈다'라는 생각이 머릿속을 가득 채웠고, 땀으로 젖은 몸과 마구 뛰는 심장이 성취를 증명한다. 시간이 지나면서 내가 세운 달리기 목표를 하나씩 이루어나갔다. 내 안의 자신감과 긍정 에너지가 함께 자라났다. 이제 달리기는 살을 빼기 위한 수단을 넘어섰다. 달리기 목표를 세우고, 이뤄가는 과정을 통해 느끼는 성취감이 나를 성장하게 한다. 삶에 활력을 불어넣는 원동력이다.

달리기를 시작하기 전에 '오늘은 달리기 싫은데, 어쩌지?' '오늘 몸 상태로 목표한 만큼 달릴 수 있을까?' 아직 뛰지도 않았는데 걱정 인형이 튀어나와 먼저 날뛰기 시작하는 날도 있다. 걱정 인형을 물리치고 간신히 뛰러 나갔다. 숨이 거칠어졌고, 다리도 무거워졌다. 내 안에서 그만 뛰고 포기하라는 신호를 보내왔다. 넘어가면 안 된다. 포기하지 않고 속도를 줄여서 계속 뛰었다. 달리기를 처음 시작했을 때가 생각났다. 1분도 달리기 힘들었다. 연습을 거듭하면서 뛰는 시간이 늘어났다. 꾸준히 달린 지 3개월이 지났다. 30분이 넘도록 쉬지 않고 달릴 수 있었다. 그 순간, 설명할 수 없는 기쁨과 성취감이 온몸을 채웠다. 달리면서 러너스 하이(RUNNER'S HIGH, 달리기 자체가 즐거워지고, 정신도 맑아지며 긍정적인 감정을 강하게 느끼는 순간)를 느낀 적이 많다. 무언가 다 이뤄낼 것만 같은 느낌이 든다. 달리면서 미래에 내 꿈을 이뤄낸 즐거운 상상도 자주 한다. 고민이 많았던 날, 달리면서 러너스 하이를 느끼면 쓸데없는 걱정이었구나 하면서 머릿속을 맑게 비운다. 또 일상에서 집중이 되지 않고 잡생각이 들 때 30분 뛰러 나간다. 복잡한 생각을 단숨에 빠르게 정리해 준다.

달리기하며 지난 시간을 돌아보는 시간도 갖는다. 발걸음이 리듬을 타며 이어질 때, 잊고 지냈던 경험이 주마등처럼 스쳐 지나가곤 한다. 감사했던 일들이 떠오르고, 누군가의 얼굴이 떠오르기도 하며, 평소에는 생각지도 못했던 일이 불현듯 떠오르기도 했다. 달리다 보면 마음 깊은 곳에 쌓여있던 기억이 하나둘씩 회상되고, 머릿속에서 자연스럽게 정리되는 기분이다.

달리면서 글감도 생각했다. 내 첫 책 『일상의 평범함을 깨우다』의 글감도 달리면서 떠올렸다. 달리기는 내 생각과 감정을 정리하고 새로운 영감을 떠올리게 해주는 특별한 시간이다.

달리기는 나 자신과 한 중요한 약속이라고 생각한다. 약속을 지키면 만족감이 즉시 따라왔다. 오늘은 좋은 일이 일어날 것 같은 희망이 생기는 날도 있다. 달릴 때마다 몸과 마음이 하나로 이어지는 듯한 느낌을 받는다. 달릴수록 몸도 마음도 강해지고 있다는 생각이 들었다. 자신감을 심어주었다. 달리기를 통해 나 자신을 믿고, 할 수 있다는 확신을 얻을 수 있었다. 좋아지는 내 모습은 내가 상상한 목표에 가까워지고 있다는 믿음을 더해주었다. 달리기로 얻은 성취감은 내 일상과 삶 전반에 긍정적인 영향을 미쳤다. 달리기는 나를 변화시켰다.

유난히 몸이 무겁고, 몇 걸음만 내디뎌도 힘든 날이 있었다. 그런 날엔 목표를 달성하지 못했다는 아쉬움이 스쳤다. 그래도 스스로 다독이며 '오늘은 여기서 멈춰도 괜찮아.'라고 말해준다. 달리기를 시작한 이유는 건강한 신체를 위해서였다. 내 몸이 보내는 신호를 존중하고 조절했다. 그날 목표를 다 이루지 못했다고 해서 실패는 아니었다. 오히려 몸과 마음을 돌보며 적절히 쉬는 게 중요했다. 달리기는 단지 목표한 거리 뛰기에 그치지 않고, 나 자신과 대화를 통해 내가 어디까지 갈 수 있는지 이해하고 존중하는 과정이기도 했다.

특히 몸 상태가 좋지 않던 날이 떠오른다. 평소처럼 30분 달리기를 목표로 뛰었다. 몇 걸음 뛰었는데 숨이 차올랐다. '조금 더 달려볼까?' 하는 생각이 들기도 했지만, 내 몸이 보내는 피로의 신호는 분명했다. 달리기 앱 런데이(RUN DAY)에서도 "힘들 땐 멈추고 쉬어라."라는 조언을 자주 했다. 처음엔 쉬는 게 목표 달성을 방해해서 불안했다. 달리기 시간이 쌓일수록 쉼의 중요성을 알게 되었다. 쉬는 것도 달리기의 과정이다. 성취란 반드시 목표한 시간을 채우거나 거리를 완주할 때만 느낄 수 있는 감정이 아니었다. 내 몸 상태에 맞게 조절하고 스스로 지나친 부담을 주지 않는 과정에서도 성취감은 존재했다. 내 몸이 보내는 신호를 무시하지 않고, 쉴 땐 쉬고 달릴 때는 달렸다. 달리기를 지속하는 비결이다. 힘들 땐 뛰기를 멈추고 천천히 걸었다. 목표를 달성하지 못했다는 아쉬움 대신, 내 몸과 마음을 돌본다는 안도감이 찾아왔다. 달리기는 기록을 세우는 활동이 아니라, 내 몸과 소통하며 자신을 아끼고 존중하는 법을 배우는 과정이다. 달리기는 목표를 완수할 때 기쁨도 크지만, 내 한계를 받아들이고 적절히 조율하며 지속 가능성을 유지하는 데서도 성취감을 느꼈다.

성취는 내 몸을 아끼고 돌보는 과정에서 자연스럽게 찾아왔다. 힘들 땐 쉬어가며 에너지를 모으고 새로운 도전을 준비한다. 달리기는 나에게 나를 돌보고 존중하며 성장하는 법을 가르쳐주는 인생 짝꿍이 되었다. 달리기를 통해 배운 이 깨달음은 나를 단단하게 만들었고, 앞으로 도전에서도 나를 믿고 나아갈 힘이 되었다.

나와의 약속, 자기계발을 위한 루틴

 자기계발을 하기 위해서 나와의 약속을 잘 지키려고 한다. 어제보다 성장하기 위해 매일 자기계발을 실천한다. 매일 하는 세 가지 약속이 있다. 바로 독서, 영어, 운동이다. 한 책에서 읽은 '독서, 운동, 외국어는 절대 나를 배신하지 않는다'라는 말이 마음 깊이 와닿았다. 세 가지 루틴이 내 삶에 자리 잡았다. '3 루틴'이라고 부르겠다. '3 루틴'이 내 삶을 행복하게 만들어준다고 믿는다. '3 루틴'은 거창한 목표를 달성하겠다는 게 아니다. 매일 자기계발을 하는 루틴을 성실히 지키면서 나를 성장하게 만드는 과정이다.

 처음부터 '3 루틴'은 아니었다. 초반에는 매일 영어공부만 했다. 이 습관에 책 읽기와 운동이 하나씩 추가되며 '3 루틴'이 완성됐다. 하루하루 꾸준히 나와의 약속을 지켰고 삶에 변화를 느꼈다. 내 삶의 축이 되었다. 매일 나를 움직이게 하고 성장하는 사람으로 만든다. '3 루틴'을 지키려면 반드시 나만의 시간을 확보해야 한다. 오롯이 나를 위한 시간에 나를 계발하고 성장시킬 수 있다. '3 루틴'은 오로지 내가 원해서, 내가 하고 싶은 거로 채워서 꾸준히 할 수 있었다. 누군가의 강요로 하는 게 아니다. 그래서 상황에 따라 루틴이 추가될 수도 있고 변경될 수도 있다.

 독서는 새로운 지식을 열어주고, 내 사고를 확장해준다. 운동이 건강한 몸을 위한 약속이라면, 독서는 건강한 정신을 위한 양식이라는 말처럼. 바쁘게 돌아가는 일상에서 하루 최소 10분이라도 책을 읽고 나면 휴식과 깨달음을 얻는 귀한 시간이 된다. 새로운 세상을 접하는 느낌도 든다. 책 속에 다양한 이야기를 통해 새로운 아이디어가 떠오른다. 매일 책을 읽는 습관은 내게 활력을 불어넣어 준다.

 영어공부는 사람과 자유롭게 소통할 수 있는 도구다. 언어를 배우는 과정에서 세상과 연결될 수 있다는 자신감을 얻게 된다. 영어는 나를 넓은 세상으로 안내해 주고, 외국 사람과 소통할 때 필요한 자유로운 여행의 기회를 열어준다. 매일 조금씩 영어 실력을 쌓으며, 소통의 자신감을 키워가고 있다.

 운동은 내 몸과 마음을 건강하게 지탱해준다. 더 많은 도전에 나설 힘을 선물한다. 꾸준히 운동하며 얻는 체력은 하루를 활기차게 보내게 한다. 운동에서 느끼는 성취감은 내 삶에 긍정 에너지를 더해준다.

 '3 루틴'은 내가 좋아하는 여행과도 자연스럽게 연결된다. 여행을 즐기기 위해서는 건강한 체력이 뒷받침되어야 한다. 꾸준히 운동하며 체력을 다진다. 여행 전에는 책으로 여행지를 살펴보며 나만의 계획을 세운다. 외국 여행에서 외국인과 소통할 때 영어공부의 가치를 실감하곤 한다. 독서, 영어공부, 운동이 서로 연결되며 내 여행을 더 활기차게 만들어준다.

 약속을 지키지 못하는 날도 있다. 그런 날에는 겉으로 보기에 별다른 문제가 없어 보인다. 아무도 나에게 뭐라고 하지 않는다. 당장 손해를 보는 일도 없다. 타인과 하는 약속을 어긴다면? 신뢰가 무너지고, 관계에도 균열이 생긴다. 이 차이를 떠올리다 보니 깨달았다. 나와의 약속을 지키지 않는 건, 곧 스스로 신뢰를 무너뜨리는 일이다. 루틴을 지키지 못했을 때, 마음 한구석이 불편하다. 내적 불편함을 없애기 위해 매일 '3 루틴'을 지키기로 했다. 처음엔 쉽지 않았지만, 차츰 익숙해졌다. 매일 나와 한 약속을 지킬 수 있는 사람이라는 믿음이 생겨났다. 한 달이 지났다. 피곤한 날도 루틴을 해내고 있는 내 모습을 보며 스스로가 자랑스러웠다. '3루틴'이 나를 차츰 성숙하게 해주고 있다.
 물론 쉬고 싶은 유혹은 찾아온다. '오늘은 그냥 쉬자'라는 생각이 스쳐 간다. 운동이 귀찮을 때도 있고, 책 펼치기가 부담스러울 때도 있다. 영어공부가 어려워 손을 놓고 싶어지는 날도 적지 않다. 그런 날에는 '지금 쉬면 내일은 더 어려워진다.'라는 사실을 떠올리며 자신을 다잡았다. 때로는, 정말 아무것도 하기 싫은 날도 있다. 그럴 때는 나만의 목표 마지노선을 정했다.

 "5분만 책 읽자." "영어 단어 하나만 외우자." "5분만 걷자."

목표가 작지만, 이 마지노선만큼은 지켰다. 그렇게 작게라도 실천하다 보니, 매일 자기계발로 채울 수 있었다. 꾸준하게 지켰더니 나 자신을 믿을 수 있게 됐다. 목표를 다 이루지 못한 날이 있더라도, 나를 존중하면서 할 수 있는 만큼만 하는 것 역시 자기계발의 일부였다.

 꾸준히 운동하면서 체력이 붙었고, 영어공부를 이어가며 영어로 소통할 수 있다는 자신감을 얻었다. 책을 읽으면서 내 생각 깊이가 달라지고, 사고의 폭이 넓어지는 경험을 했다. '3 루틴'이 쌓이면서 삶이 행복해졌다. 완벽하게 해내는 건 중요하지 않다. 꾸준히 나아가며 매일 약속을 지키는 것만으로도 충분히 성취감을 얻을 수 있었다. 하루하루는 눈에 띄지 않을 정도로 작은 변화처럼 느껴지지만, 변화가 쌓이면 어느 순간 복리처럼 커다란 결과로 다가온다.
 자기계발은 단시간에 완성되지 않는다. 나 자신과 약속을 성실히 지키는 데서 시작된다. 약속을 실천하는 과정에서 어느 순간 마음에 드는 자신을 발견하게 되는 날이 있다. 오늘도 약속을 지키기 위해 '3 루틴'을 실천하며 하루를 보낸다. 아침에 눈을 뜨면 먼저 해야 할 일을 떠올린다. 독서, 영어공부, 운동. 세 가지를 매일 실천한다. 꾸준히 노력하며 목표를 향해 나아가는 과정 자체가 성취감의 원천이다. '3 루틴'은 시간이 흐를수록 내 삶 전체에 긍정적인 영향을 미치기 시작했다. 자신감이 쌓이면서 도전 폭도 넓어졌다. 하프마라톤 대회에 나가고, 책을 써서 작가가 됐다.

 독서, 운동, 영어공부는 꿈을 이루기 위한 든든한 친구가 되어준다. 내가 만든 '3 루틴'은 내 삶을 변화시킬 충분한 힘을 지녔다. 나와의 약속을 소중히 여길 때, 우리는 삶을 긍정적으로 만들어갈 수 있다. 오늘도 약속을 지키며 어제보다 오늘 나아지고 있다.

싫어도 계속하면 진짜 달라질까?

 싫어도 계속하면 진짜 달라질까? 수없이 나 자신에게 묻고 생각했다.

 출근해서 어떤 날은 일도 싫고 함께 일하는 동료도 미워지는 날이 있다. 결국, 그 감정은 나 자신까지 싫어지게 했다. 그럴 때마다 마음이 한없이 무너져 내린다. 부정적인 감정은 내 일상을 잠식해서, 일을 시작하는 순간부터 마음속에 짙은 어둠이 내려앉았다. 나를 원망하는 마음은 커졌고, 출근길 발걸음은 무거워졌다. 사무실 문을 여는 순간부터 답답함이 나를 짓눌렀다.

 좋아하는 일만 하고 살 수는 없다. 세상 모든 일이 다 즐거울 수는 없으니까. 어쩌면 나 역시 이런 과정을 겪으며 성장하는 중일지도 모른다고 스스로 위로하며 버텼다. '매일 힘든 건 아니잖아. 가끔 좋은 날도 있잖아. 참아 보자. 좋은 날이 올 거야'라며 나 자신을 달래기도 했다.

 '내가 하는 일이 이렇게 싫은데 계속하는 게 맞을까?' 문제에 대한 해결책은 떠오르지 않았다. 감정이 쌓일수록 그 무게는 더 무거워졌고, 나를 깊은 곳으로 끌고 내려갔다. 마음에서는 여기서 벗어나고 싶은 목소리도 커졌다. 싫어하는 일을 억지로 계속하니까 현재도 미래도 희망이 보이지 않았다. 부정적인 상태가 지속한다면 결국 나 자신을 잃어버릴지도 모른다는 불안감이 엄습했다. 내게 중요한 건 무엇인지, 내 감정의 본질을 직시해야 할 때가 왔다고 느꼈다.

공무원 시험에 합격한 후, 일주일 동안 호주 여행을 다녀왔다. 시드니에 도착해 호스텔에 체크인하고 방에 들어가 짐을 풀었다. 룸메이트 중에 한국인 언니 Y를 만났다. 반가운 마음에 Y가 물어보지도 않았는데, 자랑스럽게 말했다.

"저 얼마 전에 공무원 시험에 합격하고 기념으로 여행하러 왔어요. 이제 임용일만 기다리고 있어요."

내 말을 들은 Y는 놀라워하며 자신도 5년간 공무원으로 일했었다고 했다. 하지만 일이 자신에게 맞지 않았다며, 그만두고 얼마 전에 워킹홀리데이를 왔다고 털어놓았다. Y는 지금은 시드니에서 일자리와 집을 구하는 중에 이곳에 잠깐 머무는 거라고 했다. 여기서 돈을 벌어서 1년 뒤 미국 대학원 진학을 계획하고 있다는 말도 덧붙였다. 안정된 길을 뒤로하고 새로운 도전에 나선 Y가 신기했다. Y는 공무원으로 일하던 시절 고충과 직장에서 겪었던 일과 스트레스를 말해주었다. Y는 자신에게 맞지 않는 일을 억지로 계속하는 게 얼마나 힘들고, 결국 자신을 갉아먹는 일이 되는지 말했다. Y 목소리에는 단호함이 담겨 있었고, 결정에는 후회가 보이지 않았다. '공무원을 그만뒀다고?' 당시 내게 공무원이라는 직업은 모든 문제를 해결해 줄 정답처럼 느껴졌다. 취업이 어려운 시대에 정년이 보장되는 직장은 로또에 당첨된 것 같은 행운이라고 생각했다. 그때 나는 합격의 기쁨에 취해 인생에 불안도, 회의감도 더는 찾아오지 않을 거라고 믿었다. 공무원이 주는 안정과 만족감이 곧 행복으로 이어질 거라는 단순한 믿음을 가지고 있었다.

내가 직업적으로 중시했던 안정이라는 틀 속에 갇혀 공무원 생활을 시작했다. 몇 년 후, 일에 대한 불만과 회의감이 생기자 문득 Y 말이 떠올랐다.

"나한테 맞지 않는 일을 억지로 계속하니까 내가 나를 갉아먹고 있더라."

시드니에서 Y와 보낸 시간은 짧았지만, Y와 나눈 대화와 장면은 아직도 몇 가지는 생생히 기억난다. 함께 아침과 저녁을 먹고, 산책하며 나눴던 이야기. 내가 멜버른으로 넘어가며 Y와 작별했다. 그때는 이해할 수 없었던 미래 내 모습이었던 Y. 당시 호주에서 만났던 Y 언니 이야기와 선택의 의미를 진지하게 생각해봤다. 이제는 Y 생각에 동의한다. 사람은 직접 겪어보지 않으면 알 수 없다.

공무원 시험에 합격했을 때, 안정적인 직업을 얻었으니 이제 직업 걱정은 없겠다고 생각했다. 시간이 흐르면서 내 생각이 얼마나 단순했는지 알았다. 믿음은 현실과는 달랐다. 문제는 직업 자체가 아니라, 내가 가진 마음가짐과 태도에 있었다. 태도와 행동이 변하지 않으면, 아무리 좋은 직업을 가졌더라도 같은 문제와 불만이 반복될 뿐이다. 싫은 걸 참고 견디는 것만으로는 결코 문제를 해결할 수 없었다. 오히려 '무엇이 나를 불편하게 만드는가? 내가 왜 이런 감정을 느끼는가?'와 같은 질문을 던지고 생각하는 과정이 필요했다. 스스로 솔직해져야 한다, 문제 해결의 첫걸음이다. 처음에는 '싫은 것도 참고 견디다 보면 언젠가 괜찮아지겠지.'라는 생각으로 버텼다. 시간이 갈수록 부정적인 감정은 커졌지만 싫은 걸 계속해야 하는 상황이었다. 문제를 해결하려면 내 감정을 직시하고, 변화하기 위한 용기가 필요하다. 내가 변할 기회를 스스로 찾아야 한다. 변화의 필요성을 느끼고, 실현하기 위해서는 행동해야 한다. 앞으로 어떤 길을 선택하든, 그 길에서 변화를 만들어나가는 힘은 결국 나에게 달려 있다.

싫은 것도 계속하면 달라질까? 이 질문에 대해 지금은 '예'나 '아니오'로 답하지 않는다. 상황을 내가 어떻게 받아들이고, 무엇을 변화시킬 수 있는지에 달려 있다. 이제 싫은 일을 참는 대신, 내가 진정으로 원하는 방향으로 나아가고 싶다. 나와의 약속을 지키며, 변화의 길을 스스로 열어나가겠다고 다짐한다.

좋아하는 것, 잘하는 것 찾기

 살면서 내가 무엇을 좋아하고, 잘하는지 찾는 일은 중요하다. 좋아하는 일을 하면 즐거움과 행복을 느낄 수 있고, 잘하는 일을 할 때는 성취감을 얻을 수 있다.

 좋아하는 것, 잘하는 것 찾는 게 쉽지 않았다. 어떤 일이든 시작하기 전에 나와 잘 맞는지, 즐길 수 있는지 확신할 수 없어서 여러 번 시작할까 말까 망설였다.

 뒤집어 생각하니 일단 시작해야지 나와 잘 맞는지 알 수 있는 법. 좋아하고 잘하는 일을 찾기 위해선 시작부터 완벽한 확신을 하려고 하기보다, 먼저 시도해보고 경험해보는 과정이 중요하다. 그러다 보면 내가 좋아하는 일과 잘하는 일은 자연스럽게 드러난다. 노력과 경험 속에서 내 길을 발견하게 된다는 걸 영어를 통해 배웠다. 학창 시절, 성적을 위해 억지로 공부했던 영어. 성인이 되어 해외여행을 다니며 외국인과 자유롭게 소통하고 싶다는 바람이 생겼다. 영어를 바라보는 시선이 달라졌다. 영어는 이제 어려운 시험 과목이 아니었다. 내가 좋아하는 여행을 다니면서 다양한 사람과 이야기를 나누는 언어였다. 영어가 흥미롭게 느껴졌다. 이제는 영어 공부가 즐겁다. 처음에는 어렵고 지루하게만 느껴졌던 일도, 어떤 계기로 좋아하게 될 수 있음을 배웠다.

반대로, 해보고 싶은 게 생겨서 신나게 시작했는데, 해보니까 나와 맞지 않았던 적도 있었다. 한때 미술에 흥미를 느껴 그림을 배우기 시작했다. 처음에는 즐거웠다. 시간이 지날수록 그림 그리기가 나와 맞지 않는다고 느껴졌다. 아무리 연습해도 원하는 만큼 실력이 늘지 않아 실망했고, 부담으로 다가오기 시작했다. 결국, 그림 그리기는 자연스럽게 멀어지게 되었다.

새로운 걸 시작할 때 두려워하지 않으려고 노력한다. 처음부터 잘하지 않아도 되고, 당장 좋아하지 않아도 괜찮다. 그저 '하다가 좋아지면 계속하고, 맞지 않으면 그만둔다.'라는 마음가짐으로 도전해본다. 여러 가지 시도하며 나에게 맞는 걸 찾아가는 과정이 결국, 나 자신을 알아가는 과정이라고 생각한다. 시도하고 경험해봐야 나랑 맞네, 맞지 않네. 알 수 있다.

독서, 운동, 영어공부를 통해 자연스럽게 나에게 집중하는 시간이 많아졌다. 내가 어떤 사람인지, 무엇을 좋아하고 잘하는지 알게 되었다. 운동하며 내 몸이 어떻게 반응하는지 느껴진다. 어떤 날은 몸이 무겁고 힘들지만, 또 어떤 날은 가볍고 활력이 넘친다. 내 몸 상태를 섬세하게 이해하게 됐고, 몸과 마음의 균형을 찾았다. 운동은 신체 건강과 마음조차 건강하게 만들어줬다. 힘든 날에도 나를 지탱해주는 에너지가 되어준다. 영어공부도 이제 내가 즐기면서 하는 습관이 됐다.

내가 특히 좋아하는 것 중 하나는 독서 시간이다. 책을 읽는 동안 내 생각과 감정을 정리할 수 있다. 책 속 인물이 겪는 상황이나 생각이 내 경험과 맞닿을 때면 '나도 이런 상황에서 이런 기분을 느꼈지' 하고 공감하며 깨달음을 얻는다. 독서는 마치 나를 돌아볼 수 있는 거울과 같다. 책을 펼치면 복잡한 하루 속에서 잠시 쉴 수 있는 시간이 된다. 꾸준히 책을 읽다 보니 독서는 이제 내 일상의 중요한 부분이 되었다.

독서를 통해 새로운 멘토와 인연을 맺게 되었다. 『소리튠 영어 혁명』이라는 책은 나의 영어 멘토 주아 선생님을 소개해 주었다. 주아 선생님 강의와 소리튠영어 커리큘럼에 매료되어 영어공부에 몰두하게 되었다. 주아 선생님 강의를 직접 듣기 위해 소리튠영어 지도자 과정에 입문했다. 좋아하는 일에 열정을 쏟으며, 내가 잘하고 싶은 분야에서 끊임없이 도전하는 기쁨을 느끼는 순간이었다. 그리고 『운동 말고 움직임 리셋』 책에서 운동 멘토 홍정기 교수님을 만났다. 책을 통해 인체 움직임에 대해 알기 쉽게 설명해주시는 게 인상 깊었다. 책에 나오는 내용은 내가 꾸준히 해오던 SNPE바른자세척추운동 이론과 많은 부분이 통했다. 뜻밖에 내가 근무하고 있는 운동센터 원장님이 홍정기 교수님 대학원에서 스포츠의학박사 과정을 공부하고 있으셨다. 또 내가 일하는 곳은 홍정기 교수님이 운영하는 한국 운동과학협회 정회원 센터이다. 우연이 계속되니까 신기했다. 그리고서 원장님이 주최하신 홍 교수님의 '근신경계 관점에서 바라본 SNPE바른자세척추운동' 세미나에 참석하게 되었다. 책 저자를 실제로 만나 강의를 들었다. 이후로도 교수님 온라인 강의와 세미나를 통해 배움을 이어가고 있다. 세미나와 강의에서 얻은 지식과 경험은 내 운동 습관과 회원에게 운동을 가르칠 때 긍정적인 영향을 주었다. 책을 통해 만난 멘토와 직접 소통하며 함께 공부하는 즐거움을 느꼈다. 책을 매개체로 내가 좋아하는 분야를 공부하고, 새로운 인연을 맺으며 성장해서 기뻤다.

 내가 좋아하게 된 운동을 가르치는 일을 시작했지만, 처음에는 어떻게 준비해야 할지 막막했다. 어디서부터 공부해야 할지도 몰랐고, 잘하고 싶은 마음은 있지만, 방법을 몰라 답답했다. 그때 내가 일하는 운동센터 원장님이 책에 정답이 있다고 말씀하셨다. 원장님은 가르치는 과정에서 시간을 투자하고, 돈을 쓰고, 노력해야 한다는 걸 직접 경험하며 깨달았다. 나 역시 그 과정이 필요하다는 걸 몸소 배워나가고 있다. 또한, 강사로서 경험을 나누는 일이 얼마나 중요한지를 강조하며, 회원에게 도움이 될 운동 동작을 진심으로 고민하면 수업의 질이 달라질 거라고 조언해 주셨다. 운동이 끝난 후에도 상세히 기록하고, 어떻게 하면 더 나은 강사가 될 수 있을지를 고민하는 과정이 중요하다는 점도 덧붙이셨다. 가르치는 사람이 성장해야, 배우는 사람도 함께 성장할 수 있기 때문이다. 좋아하는 일을 잘하기 위해서는 좋아하는 것에 그쳐서는 안 된다. 그 안에서 끊임없이 배우고, 연구하고, 노력해야 더 나은 강사가 될 수 있다. 이런 소중한 가르침을 얻을 수 있어 감사하다.

 좋아하는 일을 하면서 매일 발전하고 있다. 좋아하는 일을 할 때는 어려움조차 놀이처럼 느껴지고, 과정 자체가 즐거움이 된다. 좋아하는 것과 잘하는 것은 다를 수 있다. 좋아한다고 해서 처음부터 잘할 수 없다. 좋아하는 일을 꾸준히 하다 보면 잘하게 되고, 성취감은 따라온다. 더 잘하고 싶은 마음에 노력하게 되고, 노력한 만큼 실력을 자란다.

 좋아하는 일을 하면서 자신감을 얻었고, 더 잘하기 위해 스스로 노력한다. 좋아하는 영역을 통해 잘하는 영역을 찾아가는 과정은 나를 행복하고 만족스럽게 만든다. 좋아하고 잘하는 일을 찾는 여정은 평생 이어진다. 끊임없이 자신을 탐구하고 도전하며, 무엇을 할 때 행복하고 성취감을 느끼는지를 알아간다. 내가 좋아하는 활동을 통해 나를 이해하게 됐고, 나에게 맞는 게 뭔지 찾아낼 수 있었다.

호기심은 성공의 씨앗

호기심은 나를 새로운 길로 이끄는 불씨이자 시작점이었다. SNPE(Self Natural Posture Exercise)바른자세척추운동 첫 수업에서 '내가 전신 마사지를 받았나?' 할 정도로 시원해서 충격적이었다. '이런 운동도 있구나'라는 신기하다고 온몸으로 느꼈다. 첫 수업을 듣고 집에 돌아오자마자 SNPE바른자세척추운동에 대해 더 알고 싶어서 인터넷에 검색했다. 네이버 공식 카페를 찾았다. 그곳에는 이미 많은 사람이 SNPE바른자세척추운동을 통해 변화를 경험한 후기로 가득했다. 몸이 건강해지고 좋아졌다는 체험 사례가 수십만 건이 있었다. 카페에 올라온 후기에 긍정적인 변화를 경험한 이야기를 보며 확신이 들었다. SNPE바른자세척추운동에 대한 호기심은 커졌고, 푹 빠져들기 시작했다.

카페에서 SNPE바른자세척추운동 지도사 자격증 모집 공지를 보게 되었다. '운동을 제대로 배워서 다른 사람에게도 가르쳐보고 싶다.'라는 설렘으로 서류를 제출했지만, 탈락했다. 아쉬움이 컸다. 여기서 운동을 포기하고 싶지는 않았다. 꾸준히 SNPE바른자세척추운동 전문센터를 다니며 운동을 배웠다. 불균형한 체형이 점진적으로 바로 잡히기 시작했다. 잘못된 자세로 인한 불편함이 해소됐다. 몸이 한결 가벼워지는 변화를 경험했다. 몸이 과도한 긴장과 부담에서 벗어나니까 편안해졌다. SNPE바른자세척추운동은 나를 건강하고 균형 잡힌 사람으로 만들어주고 있었다.

몇 달 뒤, SNPE 운동지도사 자격증 모집 공지가 다시 올라왔다. 수강료가 이전보다 두 배 가까이 올랐다. 망설여졌다. '이 금액을 지급하고 지원하는 게 맞을까?' 고민했다. 그동안 SNPE바른자세척추운동을 통해 내가 느낀 긍정적인 변화가 떠올랐다. 도전해보자는 생각이 들었다. 이 운동이 내게 잘 맞고, 나를 건강하게 만들어주고 있다는 확신이 있어서 지원했다. 최종 합격했다. 주말마다 이론과 실습수업에 참여했다. 조별로 함께 운동을 연습하고, 필기와 실기시험 준비에 매진했다. 그중 기억에 남는 순간은 실전으로 운동을 가르치는 수업이었다. 남 앞에서 무언가를 가르치는 경험이 처음이었다. 머릿속에서는 여러 번 상상하며 준비했지만, 막상 기회가 찾아오자 설렘과 두려움이 동시에 밀려왔다. 한편으로는 내가 좋아하는 운동을 많은 사람에게 가르칠 수 있다는 기대감이 있었다. 다른 한편으로는 '실수하면 어쩌지? 내가 잘 해낼 수 있을까?'라는 불안이 떠나지 않았다. 용기를 내보기로 했다. 가르치는 일에 대한 열정이 두려움을 이겨냈다. 남 앞에 서는 일이 떨리고 부끄러웠지만, 배운 걸 전하고 싶은 마음이 컸다. 그 순간 결심이 훗날 내게 큰 변화를 불러온 출발점이 되었다.

첫 발표 날, **쭈뼛쭈뼛**하게 서서 준비했던 말을 시작했다. 외웠던 내용이 희미해졌다. 심장은 요동쳤고, 손바닥에는 땀이 배어 나왔다. 부끄러웠던 점은 말실수가 아니라, 서툴고 어색하게 보이는 내 자신이었다. 평소에는 나름대로 말을 잘한다고 생각했는데, 많은 사람 앞에서 한없이 작아지는 모습이 답답했다. 비록 어색하고 서툴렀지만, 하나씩 기억을 더듬으며 용기를 내어 말을 이어갔다. 처음에는 마치 원고를 읽는 로봇처럼 외운 대사를 읊었다. 실수투성이였다. 매끄럽지 않은 부분도 많았지만, '처음이니까 괜찮아, 완벽하지 않은 게 당연해. 다음에 더 잘하자' 스스로 위로했다. 그 후로 발표할 때 실수를 반복하며, 성장했다. 마지막에는 배운 대로만 전달하려고 애쓰지 않고 내 스타일로 가르쳤다. 부끄러움과 긴장감이 이상하게 나를 강하게 만들었다. 남 앞에 서는 일이 익숙해졌다. 처음에는 내가 알고 있는 지식을 전달하기에만 초점을 맞췄지만, 시간이 지나면서 사람과 소통하는 법을 배우게 되었다. 호기심으로 시작했던 도전은 나를 한층 성장하게 했다. 지금도 새로운 시도를 이어가며, 내 길을 만들어가고 있다.

수업이 끝난 뒤 같은 조원이 "소정쌤, 잘했어요."라고 말해줬다. 내가 잘했는지 의심하며 걱정하고 있었다. 따뜻한 피드백은 나에 대한 믿음을 심어줬다. 처음 누군가에게 가르침을 시작했을 때는 초긴장 상태였다. 그렇지만 용기를 내어 첫발을 뗀 나 자신이 자랑스러웠다. 가르치는 과정은 곧 내가 성장하는 과정이었다. 남 앞에서 말하고 주목받는 게 서툴렀던 내가 점차 자신감을 얻으며, 배운 걸 다른 이와 나누는 기쁨을 느끼기 시작했다. '계속 연습하면 더 나아질 수 있겠구나'라는 희망이 생겼다. 지금 돌이켜보면, 두려움을 이겨내고 도전했던 그때 내게 참 고맙다.

  2급 자격증을 취득한 후, 1급 과정에 바로 도전했다. 이번에는 더 깊이 있는 공부와 연습이 필요했다. 그만큼 어려웠지만 SNPE바른자세척추운동에 대한 확신이 있었기에 과정 자체를 즐길 수 있었다. 마지막 시험을 보고 나오던 날, 마음 한구석에서 스스로 응원하는 목소리가 들렸다. '너 정말 간절하구나. 이 일을 하고 싶구나.' 내 목소리가 나를 격려하며 앞으로 나아가게 도와줬다. 1급 지도사 자격증도 취득했다. 두 달 뒤, SNPE바른자세척추운동 전문센터 전임강사로 활동하게 되었다. 내가 회원에게 SNPE바른자세척추운동을 가르치면서, 회원이 "선생님, 진짜 시원해요" "이제 허리 안 아파요."라고 말할 때마다, 내 노력이 헛되지 않았음을 느낀다. 특히 1:1 맞춤형 개인 수업을 해드리는 회원이 운동 전후로 바른 자세로 돌아가는 변화를 체감하는 기쁨을 함께 나눈다. SNPE바른자세척추운동이 회원의 삶의 질을 높여준다.

  호기심은 삶을 변화시키는 출발점이 될 수 있다. 호기심은 내 안에 숨겨진 가능성을 발견하게 하고, 상상하지 못했던 방향으로 나를 이끌었다. 작은 호기심이 커다란 성공의 씨앗이 될 수 있다. 씨앗을 잘 가꾸고 키워나간다면, 결과는 상상을 뛰어넘는 놀라운 변화로 이어지지 않을까? 호기심으로 시작한 내 이야기가 누군가에게도 용기와 영감을 주길 바란다. 우리 삶은 크고 작은 호기심에서 시작된 도전으로 채워질 때, 새로운 가능성과 기회가 열린다. 호기심은 성공으로 가는 첫걸음이며, 그 걸음이 새로운 가능성을 열어주는 길임을 확신한다.

제4장

생기있는 삶을 찾다

불만 불평을 끊어내기로 하다

 차에 올라 시동을 걸었다. 퇴근길, 빽빽한 차 사이에서 한숨이 절로 나왔다. 직장에서 쌓인 스트레스는 퇴근 후에도 나를 놓아주지 않았다. 핸들을 쥔 손에 힘이 잔뜩 들어가고 액셀을 밟으며 중얼거렸다.

 "왜 나만 이런 일을 겪어야 할까? 오늘은 진짜 너무했다. 왜 나한테만 일이 몰리는 걸까?"

 이렇게 얼마나 버틸 수 있을까? 짜증과 불만이 혼자 있는 차 안에서도 흘러나왔다. 집 근처에 도착했을 때는 이미 기운이 다 빠져 있었다. 차에서 내려 문을 쾅 닫았다. 집에 들어가자마자 엄마에게 불평을 늘어놓았다.

 "엄마, 오늘 또 얼마나 힘들었는지 알아? 사무실에서 전화를 받았는데 다짜고짜 전화 한 사람이 소리 지르고 욕하면서 민원을 넣더라니까."

욕한 사람이 생각나면 화가 치밀어 올랐다. 마음이 휘청거렸다. 이런 감정의 소용돌이는 나를 지치게 했다.

따뜻한 물로 샤워했다. 평소 같으면 샤워를 마치고 나면 기분이 한결 나아졌을 텐데, 그날은 그렇지 않았다. 물이 온몸을 감싸도 내 마음속 응어리는 풀리지 않았다. 왜 이렇게 일하는 게 힘들까? 라는 생각으로 가득 찼다. 한참 물을 맞으며 서 있었지만, 답답함이 가라앉을 리 없다는 걸 알고 있었다. 샤워로 몸은 깨끗해졌지만, 상처받은 마음은 물로 씻을 수 없었다. 특히 이런 날은 감정 변화가 유난히 심했다. 왜 이렇게 모든 게 엉망일까? 문득, 내가 낯설게 느껴졌다. 언제부터 이렇게 부정적인 사람으로 변한 거지. 이렇게 계속 불평만 하면, 뭐가 바뀔까? 답은 명확했다. 아니, 아무것도 바뀌지 않겠지.

다음 날 아침까지 화가 났다. 별거 아니라고 스스로 위로했지만, 소용없었다. 또 다른 불만이 떠올랐다. 부정적인 감정이 꼬리를 물고 이어졌다. 불평과 불만이 머릿속을 채운 날에는 억울함이 증오로 변하기도 하고 감정이 제멋대로였다. 불현듯, '내가 너무 예민한 건가?' 하는 자책으로 이어졌다. 내 감정은 왜 이렇게 불안정할까? 답을 찾지 못하는 질문은 나를 부정적인 감정 속으로 끌어당겼다.

동료들과 둥글게 모여 앉아서 이야기했다. 한 동료가 말문을 열자마자 여기저기서 불평이 쏟아졌다. 대화는 금세 거칠어졌다.

"팀장님, 진짜 너무하지 않아?"

"그건 아무것도 아니야. 내가 겪은 건 더 심해."

"여긴 정말 답이 없어."

 누군가 불만을 얹으면, 고개를 끄덕이며 공감했다. 불만 대결이라도 하듯, 비난과 냉소 섞인 농담이 오갔다. 우리는 잠깐의 공감 속에서 위안을 찾는 듯했다. 불만을 이야기할 때는 무언가 가벼워지는 듯했지만, 퇴근하면서 그 대화를 떠올리니까 마음이 또 무거워졌다. '결국, 뭐가 나아졌지?'

 또다시 동료와 불평을 나누던 중 입을 닫았다. 누군가 상사의 부당함을 비난하자, 다른 이가 또 다른 문제를 덧붙이며 목소리를 높였다. 불평은 공감 쌓기처럼 보였지만, 남은 건 격해진 감정뿐이었다. '우리가 계속 이렇게 말하면 뭐가 바뀔까? 아니, 오히려 더 나빠지고 있진 않을까?' 불만 속에 머무는 시간이 길어질수록, 불편한 기분이 들었다. 그날 이후, 불만과 불평을 입 밖에 내기 전에 한 번 더 생각하기로 했다. 사실 불평이 일상이어서, 불평을 멈추라는 건 숨을 쉬지 말라는 말처럼 여겨졌다.

 유튜브에서 어떤 영상 하나를 봤다.

"문제가 생길 때 가장 좋은 말 중 하나는, '모든 것이 잘되고 있어. 모든 일이 내 최상의 이익을 위해 이루어지고 있어. 소위 문제라고 불리는 것으로부터 좋은 일만 일어날 것이고, 나는 안전하다.' 이

말은 정말 강력한 힘을 가지고 있어요."

  지속되는 불평과 불만은 결국 나만 손해다.

  내가 나에게 상처를 주고 있었다. 불평이나 불만이 생길 때면 이렇게 말하기로 했다. "모든 것이 잘되고 있어. 모든 일이 내 최상의 이익을 위해 이루어지고 있어."
  이 말을 반복하며 부정적인 상황에서도 긍정적인 결과를 기대하기 시작했다. "지금 겪는 이 상황이 나를 더 좋은 방향으로 이끌 것이고, 나는 안전하다."라고 스스로 다독였다. 불평이 긍정적인 마음으로 전환되는 순간, 내가 변화할 수 있다는 강력한 힘을 깨달았다. 불평의 악순환에서 벗어나기로 했다. 불평을 끊기로 했다. 모든 걸 한 번에 바꾸는 건 불가능했지만, 적어도 내 감정이 치솟을 때마다 스스로 물었다. '이 말이 나를 더 나아지게 할까, 아니면 더 불편하게 만들까?' 매번 성공하지는 못했지만, 불평하는 습관을 줄여가며 마음이 가벼워지는 변화를 느꼈다. 불평을 줄인다는 건 내 삶의 태도를 바꾸는 좋은 방법이었다.

  반복되는 불만의 굴레를 끊기로 한 결심은 계속 이어졌다. 하루하루, 불평이 떠오를 때마다 스스로 다독였다. 목소리가 올라오려 할 때 커피 한 모금으로 마음을 달래기도 했다. 불평도 끊어내려고 노력해야 한다. 노력하니까 달라졌다. 이제는 머릿속 불만 공간에

무기력한 삶을 극복하는 방법

긍정적인 생각과 감정이 들어서며, 하루를 마칠 때 스스로 안전하다고 느낀다.

내 마음을 그냥 지나치지 않기로 했다

 회사에서 동료와 말다툼이 있었다. 찝찝한 기분이 종일 나를 힘들게 했다. 누군가 갈등이 생기면 내 감정을 회피하며 억지로 잊는 편이다. 기분 나쁜 건 풀리지 않는다.

 이번엔 감정을 억누르지 않고 그대로 받아들여 보기로 했다. '왜 이렇게 속상했지? 유독 그 대화가 왜 이렇게 크게 다가왔을까?' 감정을 들여다보니 이유가 보이기 시작했다. 내가 중요하게 여기는 가치와 신념이 상대방 태도와 충돌했다. 내가 진지하게 생각했던 일이 상대에게 하찮게 여겨졌다. 그게 나를 불편하게 만든 근원이었다. 그제야 억울함과 분노가 누그러졌다. 감정의 뿌리를 이해하자, 내 감정에 대해 스스로 이해할 수 있었다. 앞으로 같은 상황이 반복되더라도 내 방식대로 침착하게 대처해보자고. 낮에 있었던 동료와 대화를 떠올리며 속으로 연습해봤다. 상대방 말을 곱씹고, 그 말에 내가 어떻게 대응했으면 좋았을지 가상의 시나리오를 그려봤다. 다시 그 순간으로 돌아간다면 차분하고, 분명하게 내 생각을 말했으면 좋았겠다 싶어서 아쉬웠다.

 타인과 갈등이 생기면 내 감정을 외면하지 않기로 했다. 쌓이는 감정을 억누르지 않고, 느끼고 분석할 수 있는 시간을 갖기로 했다. 힘든 순간엔 내 감정을 회피하지 않고 인정하고, 기쁜 순간에는 충분히 누리기로 했다. 이렇게 하니까 동료 관계에도 긍정적인 영향을 미쳤다. 감정을 다스리니 관계가 나아졌다.

내 감정을 무시하지 않고, 왜 그런 감정을 느꼈는지 질문하고 답을 찾아가는 과정은 나를 성숙하게 했다. 물론 지금도 감정이 요동칠 때가 많다. 그럴 때마다 '지금 나는 이렇게 느끼고 있구나. 왜일까? 내가 어떻게 하면 더 나아질 수 있을까?' 스스로 내 감정과 대화하면서, 내가 느끼는 감정을 가장 잘 아는 사람은 나여야 하고, 나라는 걸 알았다.

내 감정을 불편하게 만드는 지인 C의 말투가 고민이었다. 평소에는 별문제 없이 지내다가도, C의 비꼬는 말투가 나를 자꾸만 신경 쓰이게 했다. 참는 게 최선일까, 아니면 거리를 두는 게 답일까. 사랑 언니에게 고민을 털어놓았다. 사랑 언니는 몇 가지 조언을 건넸고 그 중 듣고 멍해졌던 게 있었다.

"C한테 네 감정을 솔직하게 말해보는 건 어때?"

그동안 이런 생각을 해본 지 않았다. 내 머릿속에서는 그냥 참고 서서히 인연을 끊으면 되겠지 생각했다.

"네가 네 감정에 솔직하지 못하고 극단적인 결정을 내리는 게 최선일까? C한테 네 기분을 예의 있게 전달하면, 생각보다 많은 게 달라질 수 있을지도 몰라."

  내 마음을 정면으로 꿰뚫는 말이었다. 그동안 내가 얼마나 내 감정을 억누르고만 살아왔는지 깨달았다. 억눌린 감정을 끌어안고 참고만 있어서 폭발 직전이었다. 사랑 언니 말을 곱씹었다. 내 감정을 솔직히 드러내는 것도 해결책일지도 모른다는 생각이 들었다. 두려움도 여전히 있었다. '내가 말했을 때, C가 화내면 어떡하지?' 한 번도 해보지 않아서 무서웠다.

  더는 혼자 끙끙대고 싶지 않았다. C와 조용히 대화할 기회를 잡았다. C가 내 기분을 상하게 했던 순간과 감정을 이야기했다. C는 내 말을 진지하게 들어줬다. 우리는 앞으로도 좋은 관계를 유지하기로 했다. 우리 관계가 무너지면 어쩌지 하는 내 걱정과 달리, 솔직한 대화는 오히려 우리 관계를 돈독하게 만들어줬다. 내 감정을 숨기지 않고 솔직하게 표현했더니 관계가 좋아졌다. 마음을 솔직히 드러내는 연습을 하면서 내면에도 변화가 찾아왔다. C한테 쌓아두었던 불만이 줄어들었고, 더는 감정을 억누르지 않아도 된다는 깨달음은 나를 자유롭게 만들었다.

  억눌린 감정은 저절로 해결되지 않는다. 갈등을 피하려고 내 감정을 외면했던 과거 나를 떠올리며, 이제는 내 마음을 무시하지 않기로 했다. 내 감정을 존중하는 게 나를 사랑하는 방법이었다.

나 자신을 사랑하지도, 존중하지도 못한 채 살아온 시간이 있었다. 늘 무기력하고 지쳐 있었다. 내 마음과의 관계가 무너지고 있었다. 그제야 깨달았다. 내 감정을 외면한 채로는 결코 나아질 수 없다는 사실을. 난 뭘 할 때 행복하지? 내가 좋아했던 상황, 흥미를 느꼈던 순간을 하나씩 떠올리며 실천해보기로 했다. 퇴근 후 책을 읽고, 운동도 했다. 불안정했던 마음은 점차 회복되고 평화도 찾아왔다. 지금은 내 마음에 귀 기울이는 게 편해졌다. 내 감정과 생각을 무시하지 않고, 진지하게 바라보며 나 자신과 소통한다.

 관계를 건강하게 유지하려면 내 마음이 건강해야 한다. 마음 건강을 지키는 것도 꾸준한 노력이 필요하다. 용기를 주고 위로가 되는 글이 많은 필사책을 한 권 샀다. 그 책에서 마음에 와닿는 문장을 따라 쓰고, 스스로 좋은 말을 건네기 시작했다. 하루하루 필사 습관을 쌓다 보니 내 마음이 한결 가벼워지고, 긍정적으로 변해갔다. 마음을 돌보는 시간은 내 삶에 꼭 필요한 쉼이자 에너지가 되어주었다.

 내 경험이 누군가에게 위로가 되길 바란다. 마음에서 들려오는 감정의 소리를 무시하지 않기를. 그 소리는 우리가 가야 할 길을 알려주는 안내자다. 나와의 관계를 소중히 여기고 돌보며, 진정한 나를 찾아가는 과정이야말로 우리를 행복한 사람으로 만든다.

예상 밖의 직업, 영어 코치가 되다

 10년 전, 병원에서 간호사로 일하고 있었다. 환자 상태를 살피고 간호하며, 예기치 못한 응급 상황에 신속히 대응했다. 하루를 마치고 집으로 돌아오는 길, 그날 일을 되짚으며 '저 환자는 내일 더 나아질까? 혹시 내가 놓친 건 없었을까?' 생각했다. 간호사라는 직업은 퇴근 후에도 긴장을 늦출 수 없었다.

 그때 나를 떠올리면, 지금 소리튠영어 코치로 수강생 영어 발음을 교정하고 영어 소통을 돕는 일을 하고 있다는 사실이 꿈만 같다. 간호사였던 당시, 내가 다른 직업을 가지게 될 거라고 생각을 못 했다. 간호사로만 계속 일할 줄 알았다. 다른 가능성을 상상할 여유조차 없었다. 지금은 많은 사람의 영어 소리를 바꿔주는 코치가 되었다. 10년 전, 병원에서 분주히 움직이던 내가 지금 나를 본다면 어떤 표정을 지을까? 아마도 놀라움과 의아함이 뒤섞인 얼굴을 하고 있을 것 같다. 인생은 내 예상보다 훨씬 유연했고, 때로는 상상하지 못했던 방향으로 나를 이끌었다. 간호사로 환자를 돌보며 느꼈던 책임감과 사명감은 소리튠영어 코치로 수강생 성장과 변화를 돕는 일에도 고스란히 이어졌다.

공무원을 그만두고 소리튠영어 코치로 일할지 말지 고민하던 차에 주아 대표님이 보여준 동영상 속 문장이 인상 깊었다. "인생을 살다 보면 많은 선택을 해야 합니다. 그런데 당신에게 필요한 것은 선택이 아니라 결정입니다. 중요한 변화를 위한 선택의 기회가 찾아와도 용기 있는 결정을 하지 않으면 아무것도 달라지지 않기 때문입니다. 당신의 결정은 당신 미래입니다." 내가 진정 원하는 일이 무엇인지 생각했다. 소리튠영어 코치로 나도 회원도 성장하는 일이 더 하고 싶었다. 소리튠영어를 배우며 이곳에서 일하고 싶다고 생각했다. 회사 가치인 '배우고, 성장하고, 나누기' 내가 추구하는 일과 닮아 있었다. 용기 있게 결정했다. 지금은 소리튠영어 코치로 수강생에게 영어 소리 원리를 가르치며, 그들의 발음을 교정하고 영어 자신감을 얻도록 도와준다.

과거 간호사로 일하며 환자 건강을 돌봤다면, 지금은 수강생 영어 소리와 자신감을 돌보고 있다. 인생의 방향이 이렇게 바뀔 수 있다는 게 신기하고도 감사하다. 소리튠영어를 통해 새로운 직업도 얻고 내 가능성을 발견했다. 내가 받은 도움과 배움을 다른 사람에게 나누며 그들의 변화를 돕는 지금 일이 기쁘다. 내 결정이 내 미래를 만든다. 나를 성장으로 이끄는 결정을 했다.

소리튠영어 코치로 일하는 초반에 '내가 정말 잘할 수 있을까? 학생에게 진정한 도움이 될 수 있을까?' 염려스러웠다. 내가 처음 소리튠영어 강의를 들었을 때를 떠올렸다. 내 영어 발음이 얼마나 한국어식 소리에 갇혀있었는지. 예를 들어, 영어 'g'와 'k' 소리가 한국어 'ㄱ'과 'ㅋ' 소리와 다르다는 점을 전혀 인지하지 못했다. 그동안 한국어식 발음으로 영어를 말했고, 그 결과 내 말을 상대방이 제대로 이해하지 못하는 경우가 많았다. 영어를 들을 때도 이런 차이를 구별하지 못해 듣기도 어려웠다. 소리튠영어를 통해 영어 소리를 낼 때 움직이는 조음기관의 위치와 모양을 배웠다. 그리고 성대를 울리느냐에 따라 소리가 '유성음'과 '무성음'으로 나뉜다는 원리를 배우면서 발음과 듣기 실력이 향상되기 시작했다. 강의에서 배운 다섯 가지 핵심 법칙은 영어식 발성, 영어 자음과 모음, 리듬과 강세, 연음, 호흡이었다. 핵심 5 법칙은 내가 영어를 구사하는 데 든든한 기반이 되었다. 리듬과 강세를 배우며 영어를 말하는 방식과 자연스러운 호흡을 익히게 되었고, 덕분에 영어로 말하기가 수월해졌다. 단순히 따라 하는 걸 넘어 소리 구조와 원리를 이해하며 배우니 영어에 흥미가 생겼다. 체계적인 학습을 통해 영어에 대한 자신감을 쌓을 수 있었다.

  내가 소리튠영어를 통해 변한 거처럼 내가 맡은 수강생도 영어에 대한 자신감을 키울 수 있도록 돕겠다는 마음으로 한 걸음씩 나아가기 시작했다. 한 달, 두 달, 시간이 흘러 내가 맡은 수강생들 변화가 감동을 주었다. 한 수강생이 "선생님 덕분에 영어가 들리기 시작했어요. 이제 자신감이 생겼어요."라고 말했다. 누군가를 가르치는 사람이자, 누군가의 가능성을 여는 조력자가 되었음을 느꼈다.

  예측할 수 없는 미래가 두려웠지만, 변화와 도전을 받아들이는 용기가 나를 새로운 가능성으로 이끌었다. 간호사였던 내가 소리튠영어 코치가 됐다. 변해가는 과정은 놀라움과 성장의 시간을 안겨주었다. 변화를 받아들이고 나아갈 용기를 냈기에 지금 내가 있다. 돌아보면, 지나간 모든 시간이 필요한 과정이었다는 생각이 든다. 미래를 두려워하지 않으려고 한다. 내가 결정한 선택을 좋게 만들려고 노력하니까 두렵지 않다. 10년 전 내가 상상하지 못했던 오늘처럼, 앞으로 10년 후가 기대된다!

'이 일을 해볼까, 저 일을 해볼까?' 끝없이 생각만 반복하며, 정작 행동으로 옮기지 못한 채 시간을 보냈던 시절이 있었다. 생각만으로는 아무것도 바뀌지 않는다. 변화를 만들어내기 위해서는 행동이 필요하다. 머릿속에서 맴도는 고민은 결국 같은 자리에서 맴돌게 할 뿐이다. 때로는 전후 관계를 바꿔보는 것도 방법이다. 생각이 먼저가 아니라, 행동이 먼저일 때도 있다. 행동을 통해 배우고, 내가 원하는 것을 찾아가는 경험도 효과가 있다. 일단 해보자. 새로운 시작이 된다. 내가 공무원 일을 그만두고 소리튠영어 코치라는 새로운 도전도 어쩌면 내 무의식이 시킨 일이었는지도 모른다. 머리로는 안정된 직업을 두고 떠나기에 불안했지만, 마음 깊은 곳에서는 이미 내가 원하는 방향을 알고 있었다. 용기 내어 행동으로 옮겼을 때, 예상치 못한 새로운 길을 발견했다. 만약 행동하지 않았다면, 여전히 같은 자리에 머물러서 괴로움에 빠져 있지 않았을까? 생각과 고민은 중요한 출발점이지만, 진정한 변화는 움직임 속에서 일어난다. 과거 고민만 하던 내게 이렇게 말해주고 싶다.

"생각만 하지 말고, 일단 한 발 내디뎌 봐. 전후 관계가 바뀌어도 괜찮아. 행동을 통해 배우고, 성장하며, 상상하지 못했던 기회를 발견할 수 있어."

물론 첫발을 내디딜 때는 당연히 불안할 수 있다. 우리가 용기를 내어 움직일 때, 길은 명확해지고, 길 위에서 우리는 스스로 성장할 수 있다. 나 역시 행동하지 않았다면, 지금처럼 소리튠영어 코치라는 예상 밖의 직업에서 보람을 느끼는 삶을 살지 못했다.

행동은 시작의 수단이고 내가 진정으로 원하는 변화를 만들어내는 힘이다. 행동으로 만들어진 변화가 나를 지금 자리로 데려왔고, 앞으로도 내가 원하는 방향으로 나아갈 힘은 행동이다.

SNPE바른자세척추운동 전임강사로의 기회를 잡다

 SNPE바른자세척추운동은 약 20년 전, 고(故) 최중기 교수님께서 체계화하여 보급한 한국에서 시작된 독창적인 운동이다. Self Natural Posture Exercise 약자인 SNPE는 '스스로 본연의 자세를 회복하는 운동'이라는 뜻을 담고 있다. 운동은 도구 운동과 벨트 운동으로 나뉜다. 도구 운동은 긴장된 근육과 근막을 풀어주고, 근골격계 통증을 완화하며, 몸의 균형을 회복하는 데 도움을 준다. 벨트 운동은 바른 자세를 유지하면서 근육을 강화하는 동작으로 구성되어 있다. 우리 몸을 자연스럽게 건강한 상태로 되돌리는 것을 목표로 한다.

 SNPE바른자세척추운동 지도자 1급과 2급 자격증 시험에 합격했다. 자격증을 취득한 뒤, 하남시에 있는 SNPE바른자세척추운동 전문센터에 이력서를 제출했고 전임강사가 되었다. 초기에는 수업 자료를 구성하기 위해 PPT를 제작하고 운동 절차를 시각 자료로 만드는 데 주력했다. 쉽지 않았지만, 자료를 준비하면서 이론 공부를 다시 할 수 있는 시간이었다. 수업을 하나씩 완성해 가는 과정도 보람 있었다. 수업이 끝난 뒤, 회원이 "운동 후 몸이 가벼워졌어요.", "자세가 한결 좋아졌어요."라고 말할 때마다, 내 선택에 확신이 들었다.

 SNPE바른자세척추운동 센터에서 그룹 수업과 개인 수업을 병행하며 운동을 진행하고 있다. 그룹 수업은 부위별, 뷰티, 도구 힐링, 기초 수업 등 다양한 프로그램으로 구성되어 있다. 각 수업은 목표와 특성이 다르다. 여러 회원이 함께하는 그룹 수업은 회원이 동작을 하나하나 따라 할 수 있도록 동기부여하고 수업 분위기를 활기차게 유지하는 게 중요하다. 수업을 이끄는 동안 회원과 함께 호흡을 맞추고 응원하며, 그들에게 긍정 에너지를 전달하기 위해 열정적으로 임한다.

 개인 수업은 그룹 수업과는 또 다르다. 회원 상태와 요구를 맞춤형으로 이해하고 구성한다. 수업을 시작하기 전에 회원과 충분히 대화하며, 그가 느끼는 불편함과 평소 생활 습관을 파악하는 데 집중한다. 이를 통해 회원에게 적합한 운동을 제안하고 진행한다. 맞춤형 접근은 신뢰를 쌓는 과정이다. 회원이 자신의 몸 상태를 솔직하게 이야기하고, 나를 믿으며 함께 나아갈 수 있도록 돕는 게 개인 수업의 본질이다. 한 번은 한 회원이 "빨리 건강해지고 싶다"라는 조급한 마음을 털어놓았다. 절실함이 느껴졌다. 그러기 위해서는 꾸준함과 시간이 필요하다. 과거에 나 역시 운동을 받던 회원일 때 같은 조급함을 느껴봤다. 처음 운동을 시작하면 누구나 빠른 변화를 기대하지만, 몸의 변화는 꾸준한 노력과 적응 과정을 거쳐야 한다. 회원에게 내 경험을 이야기 해주면서 운동 효과를 보려면 차근차근 진행해야 한다고 설명했다. 몸의 회복은 시간이 필요하며, 꾸준한 노력이 쌓일 때 변화를 체감할 수 있다는 점을 강조했다. 조급함 대신 자신의 몸 상태를 살피며 운동에 집중하도록 안내했다. 회원이 꾸준히 운동하며 자기 몸의 변화를 느끼고 건강해지는 과정을 함께하는 과정은 가치 있는 일이다. 회원과 소통하며 그들의 이야기에 귀 기울이고, 그들 마음과 몸 상태를 이해하고, 그에 맞는 운동을 제안하는 과정에서 강사인 나도 회원과 함께 성장하고 있음을 느낀다.

2024년, 7월에 하남시 가족센터에서 1인 가구를 대상으로 SNPE바른자세척추운동을 강의할 기회를 얻었다. 프로그램의 목적은 하남시에 거주하는 1인 가구의 신체 건강 증진이었다. SNPE바른자세척추운동 철학과도 부합한다고 생각했다. 연령대별 맞춤형 운동을 통해 건강을 지원하는 이번 강의는, 그동안 내가 배운 SNPE바른자세척추운동 가치를 실제로 적용할 좋은 기회였다.

강의는 나이에 맞게 맞춤형으로 준비했다. 청년층과 중장년층으로 나뉘어 진행되었다. 청년층을 위해서는 전신 순환과 벨트 운동을 중심으로 프로그램을 구성했다. 중장년층에게는 신체 기능 유지와 균형 회복을 위한 동작을 포함했다. 연령대별로 다양한 프로그램을 기획하는 과정은 도전이었다. 전문센터에서만 강의했는데 새로운 환경에서 강의한다는 생각에 설렘과 긴장을 동시에 느꼈다. 강의를 준비하며 원장님께 시연을 보여드렸고, 피드백을 바탕으로 수업 내용을 보완하며 완성도를 높여갔다. 출강 당일에는 원장님께서 함께해 주셨고, 내가 미처 챙기지 못한 부분을 지원해 주셨다. 특히, 강의 중간에 건네주신 응원이 힘이 되었고, 덕분에 열정적으로 수업을 진행할 수 있었다. 강의에서는 참가자에게 집에서도 손쉽게 따라 할 수 있는 운동 팁을 전했다. SNPE바른자세척추운동이 생활 속에서 쉽게 적용할 수 있는 건강 관리법임을 전달할 수 있어 뿌듯했다. 수업 마지막에는 운동을 통해 여러분 일상이 건강하고 행복해지길 바란다고 마무리했다.

외부강의는 전문센터를 벗어나 다른 환경에서 다양한 연령대 참가자와 소통하며, 내가 준비한 프로그램 효과를 직접 확인할 수 있었다. 특히, 점점 늘어나는 1인 가구를 대상으로 SNPE바른자세척추운동을 알려서 즐거웠다. 앞으로도 이런 의미 있는 활동을 많이 하고 싶다. 운동을 통해 많은 사람에게 건강을 전하고, 그들의 삶에 긍정적인 변화를 만들어가고 싶다.

예전에는 '꿈'이나 '목표'라는 단어가 거창하게 느껴졌다. 그래서 '원대한 내 꿈은 무엇일까?' 하고 생각했지만, 명확한 답을 찾지 못해 답답했다. 꿈이 없다는 사실이 나를 불안하게 만들었다. 마치 방향을 잃고 떠도는 듯한 기분이 들었다.

내가 관심을 두고 있던 SNPE바른자세척추운동을 배우면서 꿈이 생겼다. 잘못된 자세로 고생하던 내 몸이 점차 회복되는 과정을 경험하며, 이 운동이 얼마나 효과가 있는지 확신하게 되었다. 불편했던 몸이 균형을 되찾고, 건강을 회복하는 변화를 직접 느끼면서 '이 운동을 다른 사람에게도 가르쳐야겠다. 많은 사람에게 건강을 선물하고 싶다'라는 생각이 마음속에 자리 잡았다. 내가 좋아하는 일을 통해 다른 사람에게 긍정적인 영향을 미칠 수 있다는 사실은 나를 설레게 했다. 운동 강사로 활동하며 꿈을 실현해가고 있다. 회원에게 동작을 지도하며, 그들이 건강과 자신감을 되찾는 모습을 볼 때마다 보람을 느낀다. 회원의 긍정적인 피드백은 내가 이 길을 계속 걸어갈 힘이 된다. 건강해지는 자신을 발견하며 밝게 웃는 회원 모습은, 내가 하는 일이 얼마나 의미 있는지를 다시금 깨닫게 해준다. 앞으로도 SNPE바른자세척추운동을 통해 많은 사람이 건강과 자신감을 되찾길 바란다. 그리고 내가 좋아하고 잘할 수 있는 일을 통해, 많은 사람에게 도움을 주고 싶다.

꿈은 알아서 찾아오지 않는다. 내가 오늘 쌓아 올리는 성취가 꿈으로 이어진다고 믿는다. 오늘도 꿈을 쌓아간다.

수입은 줄었지만, 행복한 삶의 이유

 내 하루는 회사 일정표에 맞춰 흘러갔다. 보통 아침 9시에 출근해 저녁 6시에 퇴근하는 생활이 반복되었다. 내 시간이 회사에 속해 있고, 시간을 담보로 돈을 받는다고 생각하니, 어떤 일을 하며 세월을 보내야 하는지 중요하다고 느껴졌다. 귀중한 시간을 들여 일할 거라면, 누군가에게 의미 있고 도움이 되는 일이길 바랐다. 일하면서 쓰는 시간도 중요하다. 무슨 일을 하느냐 만큼이나 그 일을 하며 성장할 수 있는가도 중요해졌다. 시간과 에너지를 투자할 가치가 있는 일을 찾고 싶어졌다. 남을 도와주고 변화시키려면, 먼저 내가 변화해야 한다는 사실도 알았다. 내가 긍정적으로 변했던 곳, 스스로 성장할 수 있었던 경험이 있는 곳에서 일해보고 싶어졌다. 이제는 그곳에서 나만의 가치를 만들어가고 싶다는 생각이 들었다.

 지금 하는 프리랜서 일은 출퇴근 시간에 얽매이지 않는다. 그렇지만 내가 일한 만큼 수입이 정해지는 환경에서 시간 관리와 자기 관리는 필수이다. 어떤 날은 아침 일찍 시작해 오후에 일을 마쳤고, 또 어떤 날은 늦은 오후에 시작해 밤늦게까지 일하기도 했다. 처음에는 낯설었지만, 점차 나만의 리듬을 찾아가며 익숙해졌다.

 일의 양과 수입이 직접 연결돼 있다. 회원 수가 줄거나 강의가 취소되면 수입은 감소한다. 그런 날은 불안하기도 했지만, 오히려 기회로 삼아보자고 마음을 먹었다. 강의가 없는 시간은 오롯이 내 시간이다. 그 시간을 즐기며 활용한다. 회원 수가 줄어드는 날에는 책을 읽는 시간을 늘리고, 관련 분야를 공부한다. 내가 원하는 시간에 책을 펼쳐본다. 책을 통해 얻은 배움은 나를 성장시킨다. 시간과 수입 사이의 균형 속에서 내 방식으로 삶을 채워간다. 삶의 의미를 만들어가는 넉넉함을 경험하며, 내가 무엇을 위해 살고 있는지를 고민하고 실현할 여유를 가진다.

 필사하면서 이런 문구를 봤다. '두렵다는 느낌을 그 일을 하지 말아야 할 신호로 받아들이면 안 됩니다. 사실, 목표가 높을수록 내 마음에서 느껴지는 두려움이 커지는 것은 당연합니다.' 수입의 변화와 일정의 불확실성이 긴장됐던 찰나에 위로가 되었다. 꿈을 이뤄가기 위해 두려움을 받아들이기로 했다. 그게 나를 흔들리지 않게 만들었다. 시간을 주도적으로 활용하고, 내적 만족감을 느낀다. 삶의 여유는 얼마나 내 삶을 주도적으로 만들어가는가에 달려 있다. 매일 배움과 성장을 이어가며, 행복을 찾아가고 있다.

 직장을 그만둔 이유 중 하나는 내가 진정 원하는 일을 하며 행복을 찾고 싶었기 때문이었다. 안정적인 수입이 주는 편안함은 달콤했다. 하지만 내가 무엇을 원하고 어떤 인생을 살고 싶은지 잃어가고 있었다.

그러던 중 내가 좋아하는 것을 누군가에게 가르치고 싶다는 꿈이 생겼다. 꿈은 새로운 도전으로 이어졌고, 프리랜서로 영어와 운동을 가르치고 있다. 예전처럼 고정 수입이 없다. 우선, 돈보다는 내가 좋아하고 잘할 수 있는 일을 하며 성장하는 지금이 소중하다. 예전의 안정감 대신, 내가 선택한 길을 걸으며 얻는 자유와 만족이 나를 견디게 해준다. 내가 사랑하는 일을 하며 내 삶을 만들어가고 있다는 점에서 만족한다. 지금 내가 누리는 배움과 성장의 시간은 무엇으로도 살 수 없는 값진 경험이다.

돈도 중요하다. 지금보다 많은 돈을 벌고 싶다. 모든 일에는 때가 있다고 믿는다. 지금은 내가 실력을 쌓아야 하는 시기다. 이 시간을 보내면, 언젠가 돈도 자연스럽게 따라온다고 믿는다.

꿈을 생생히 그리며 하루를 시작한다. 꿈을 이루겠다는 결심이 나를 움직이게 한다. 물론 때로는 지치고, 불안한 마음이 스며들 때도 있지만, 꿈과 목표를 잊지 않는다.

내 꿈 중 하나는 영어로 자유롭게 말하기이다. 어릴 때부터 영어를 잘하고 싶다는 마음이 있었지만, 성인이 된 후로는 제대로 공부하지 못했다. 틈틈이 시도했지만, 단발적인 노력만으로 성과를 얻을 수는 없었다. 그러다 소리튠영어를 배우기 시작하면서 전환점을 맞이했다. 영어 발음 원리와 소리를 내는 방법을 배우고, 영어공부를 꾸준히 즐기는 법을 익히게 되었다. 지금은 영어로 말하고, 쓰고, 읽고, 듣는 방법으로 공부한다.

외국 여행 가서 영어로 대화하는 나를 상상하며 설렌다. 현실적으로 해외여행을 자주 갈 수 없으니, 국내에서도 영어를 활용할 방법을 고민했다. 그렇게 떠오른 아이디어가 바로 SNPE바른자세척추운동을 영어로 가르치기였다. 영어와 운동, 내가 좋아하는 두 가지를 결합하면 얼마나 멋질까. 목표를 이루려면 영어 실력을 많이 쌓아야 한다. 매일 영어공부를 하면서 한 걸음씩 그 방향으로 나아가고 있다. 언젠가는 영어로 자유롭게 대화하며 SNPE바른자세척추운동을 세계적으로 알리는 내 모습을 기대하고 있다.

일이 줄거나 없을 때, 의기소침해지지 않고 꿈을 이루기 위해 공부하는 시간으로 삼고 있다. 일이 많은 날에는 그만큼 꿈에 한 발짝 더 다가가기 위해 최선을 다해 일한다. 일하다 보면 예상치 못한 좋은 기회가 찾아오기도 한다. 기회는 준비된 사람에게만 온다는 말처럼, 그 순간을 놓치지 않으려면 내가 준비되어 있어야 한다. 만약 준비가 부족하거나 용기가 없어서 기회를 잡지 못하면, 기회는 눈앞에서 사라져버린다. 내 꿈을 위해 꾸준히 노력하며 다가올 기회를 맞이할 준비를 하고 있다. 좋아하는 일을 하고, 배우고 싶은 걸 공부하며, 나만의 길을 만들어가고 있다. 현재를 소중히 여기며 살아가는 이유가 바로 여기에 있다. 좋아하는 일을 통해 성장하고, 꿈을 향해 나아가는 길은 성취감을 준다.

　행복한 삶은 내가 만들어가는 거니까.

투잡의 세계 바쁘지만 즐거운 날들

 공무원을 그만두겠다는 마음을 먹고, 면직 후 바로 일을 시작할 수 있도록 준비했다. 현재는 오전에는 영어 코치로 재택근무를 하고, 오후에는 운동 강사로 일하며 두 가지 직업을 병행하고 있다. 초반에는 둘 다 업무량이 많지 않았다. 그렇지만 새로운 환경에 적응하는데 상당한 에너지가 필요했다. 어떤 날은 '내가 잘하고 있는 걸까?'라는 의문이 떠올랐다.

 몇 달이 지나니까 적응이 됐고 업무도 많아지자, 자신감이 생겼다. 무엇보다 시간 관리를 잘하면 두 가지 일을 병행하기는 충분히 가능하다는 생각이 들었다. 두 가지 일을 하다 보면 일정이 겹치지 않도록 신경 써야 하는 날도 많다. 시간을 효율적으로 사용하기 위해 계획을 세워 일했다.

 재택근무는 회원이 전날 올린 과제 파일에 피드백을 주는 일이 주된 업무이다. 비교적 자유로운 시간에 작업할 수 있었다. 그러다 어떤 코치님이 시간을 딱 정해서 일하는 모습을 보고 나도 나만의 루틴을 만들기로 했다. 아침 일찍 업무를 시작해 최대한 빨리 피드백을 마치는 습관을 들였다. 여기에 아침 30분 동안 전화 영어를 추가했다. 내 루틴은 영어 실력을 유지하는 동시에 하루를 긍정적으로 시작할 수 있게 해주었다. 정해진 시간에 집중해 일을 끝내고, 퇴근하는 마음으로 재택근무를 마무리한다. 업무가 끝난 후에는 잠시 쉬거나 책을 읽으며 다음 일정까지 여유를 가진다. 일과 생활의 균형을 유지하려고 신경을 쓴다.

일주일에 2~3번은 재택근무가 끝난 후 운동 수업 준비에 들어간다. 운동 강사 일은 주로 오후에 이루어지며, 회원에게 가르칠 운동 구성을 고민하며 강의 자료를 만들고, 직접 동작을 연습하며 수업 내용을 다듬는다. 이후 센터로 출근해 회원과 함께 운동을 진행한다. 수업이 끝난 뒤에는 보람이 밀려온다. 하루 피로가 잊히곤 한다.

오전에는 영어 코치 업무를 마무리하고, 오후에는 운동 강사로 회원에게 집중하는 흐름은 각기 다른 만족감을 선사한다. 영어 코치로 성장하며 얻는 보람과 운동 강사로 느끼는 성취는 서로 다른 방식으로 나를 동기부여 한다. 내가 좋아하는 일을 하며 바쁘게 움직이는 생활은 나를 단단하게 만들어주고 있다. 특히 하루를 계획대로 마쳤을 때 스스로에 대한 자부심이 커진다. 바쁜 만큼 즐거운 시간이 쌓인다. 영어도 운동 둘 다 잘 가르치는 현명한 사람이 되고 싶다.

회원이 변화하는 모습을 직접 표현해 줄 때, 뿌듯함과 감사함이 밀려온다. 한 회원은 "완벽한 피드백 너무 좋아요"라며 내 노력을 인정해 주었다. 매일 세심한 피드백을 제공하며, 부족한 부분은 수정하고, 작은 성과도 칭찬을 아끼지 않는 게 내 코칭 방식이다. 그런 정성과 진심이 회원에게 닿는다. 그럴수록 열심히 해야겠다는 다짐이 자연스럽게 생긴다. 또 다른 회원은 "이번에 처음으로 한 달 가까이 영어공부를 빼먹지 않고 했어요"라며 자신의 변화에 기뻐했다. 회원은 꾸준히 무언가를 실천하는 데 어려움을 겪어왔지만, 나와 함께하며 공부의 즐거움을 발견하고 지속할 수 있었다고 한다. 피드백을 통해 많은 회원이 좋은 결과로 이어지는 모습을 보며, 앞으로도 꼼꼼하고 따뜻한 코칭을 이어가겠다는 결심을 다지게 된다.

운동 강사 활동하면서 받은 회원의 긍정적인 피드백 또한 감동이다. 대다수 회원이 "운동하고 나면 몸이 좋아지는 걸 느껴요"라고 말한다. 내가 가르치는 동작과 방법이 효과적이라는 믿음을 심어주었다. 회원이 꾸준히 운동을 통해 신체 변화를 경험하고, 공유해줄 때마다, 내가 하는 일이 그들의 건강과 삶에 변화를 불러오고 있다는 자긍심이 생긴다. 특히 기억에 남는 회원 B가 있었다. B는 백신 접종 후 두근거림과 어지러움을 겪고 있었는데, 도구 힐링 수업 후 증상이 완화되었다며 감사의 말을 전했다. "도구 힐링 수업을 하면 너무 개운하고 어지러움이 많이 해소돼요. 힘이 나는 수업해 주셔서 항상 감사해요"라는 후기를 주셨다. SNPE바른자세척추운동이 근력 강화와 유연성 향상을 넘어 신체적·정신적 회복에도 영향을 미칠 수 있음을 보여주는 사례였다. B가 내 수업을 통해 변화를 경험하고 있다는 사실은 내가 하는 일의 의미를 새삼 깨닫게 해줬다. 이런 순간이 더 좋은 강사가 되고자 하는 열망을 키워준다.

 회원의 긍정적인 변화와 감사 인사는 내 노력이 그들에게 전달되었음을 보여주는 증거다. 내 가르침이 회원 삶에 작은 변화라도 일으킬 수 있다면, 충분히 행복하다.

 내가 하는 두 가지 일은 공통점이 있다. 누군가를 가르치는 일이다. 직접 해보니까 누군가를 가르치는 직업은 에너지가 필요하다. 에너지를 보충하기 위해 나만의 충전 방식을 찾았다. 영어와 운동 공부. 내가 회원에게 올바른 지식을 전달하려면, 나 자신도 끊임없이 배우고 발전해야 한다. 이러한 노력은 직업 역량을 키우기 위해 필수이지만, 동시에 나 자신을 성장시키고 채우는 과정이기도 하다. 틈틈이 운동하면서 체력 관리도 한다. SNPE바른자세척추운동은 스스로 본연의 자세를 되찾아주는 운동이다. 집에서도 SNPE도구 몇 개만 있으면 충분히 혼자서도 할 수 있다. 이 운동의 여러 가지 장점 중 하나이다. 어깨가 불편한 날에는 어깨를 풀어주는 운동에 집중하고, 다리가 뻐근한 날에는 다리 근육을 이완시키는 동작에 집중한다. 몸의 상태에 맞게 운동을 조정하며 나를 돌보는 과정이 일상에 활력을 더해준다.

바쁜 일정 속에서도 내가 즐겁게 일할 수 있는 이유는, 내가 하고 싶은 일을 하고 있기 때문이다. 내가 좋아하는 일로 다른 사람 삶에 긍정적인 변화를 가져다주며, 그 변화를 통해 나 또한 함께 성장하고 있음을 깨닫게 한다. 이런 연결고리는 나에게 기쁨이다. 두 가지 일을 병행하며 내가 정한 규칙과 루틴을 꾸준히 지키는 건, 내 길을 건강하게 걸어가게 해준다. 바쁜 날 속에서도 내가 꿈꾸는 미래를 떠올리며, 최선을 다하고 있다. 내가 이루고 싶은 목표, 그리고 그 목표를 통해 만나게 될 성장과 행복을 상상하며, 내일을 위한 발판을 하나씩 마련하고 있다. 내 선택과 노력이 결국 어떤 결실로 이어질지 기대된다.

매일 성취감을 느끼는 삶을 살려면

성취감을 매일 느낀다면 삶은 어떻게 변할까? 성취감은 거대한 성공에서만 오는 건 아니다. 오늘 내가 할 수 있는 일을 실천해도 성취감은 생긴다.

치매안심센터에서 근무해본 적이 있었다. 치매안심센터에는 경도인지장애와 치매 초기 어르신을 위해 다양한 교육 프로그램이 운영되고 있었다. 프로그램은 어르신이 매일 무언가를 해냈다는 성취감을 느낄 수 있도록 세심하게 구성됐다. 어르신은 노래를 부르고, 체조하고, 새로운 걸 배웠다. 프로그램이 끝나고 열리는 졸업식에서 성취감의 중요성을 생생히 느낄 수 있었다. 졸업식에서 어르신은 소감을 발표하며 프로그램을 통해 느낀 기쁨을 표현하셨다. 졸업식장에서 보이는 어르신 표정에서 내가 해냈다는 뿌듯함이 보였다. 작은 성취가 모여 즐거움으로 이어졌다. 매일 무언가를 해냈다는 감각을 심어주는 일이 얼마나 중요한지 깨달았다. 성취감은 일상에서 작은 목표를 이루며 얻어질 수 있다. 그날 해야 할 일을 해내고 내가 의미 있는 일을 하고 있다는 느낌을 받는 게 성취감이다. 매일 무언가를 해냈다는 감각은 나 자신이 유용하고 존

귀한 존재임을 확인하게 해주는 요소였다. 내가 만난 어르신 모두 스스로가 가치 있다고 느끼셨으면 좋겠다는 마음이 들었다.

  주말 아침 6시, 소리블록(소리튠영어말하기 프로그램)부트캠프 실시간 강의를 했다. 토요일과 일요일, 이른 아침 시간에 줌으로 수십 명에게 영어 말하기 훈련을 지도했다. 강의는 학생이 수업시간에 최대한 많이 영어로 말할 수 있도록 진행한다. 강의하려면 교안이 필요하다. 매 수업 교안을 정성스럽게 작업했다. 수업은 1시간이지만, 교안을 준비하고 수업 때 전달할 내용을 정리했다. 과제까지 구성하고 나면 시간이 훌쩍 지나갔다. 혼자 예행연습을 반복하다 보면 족히 6시간은 걸렸다. 준비 과정이 마냥 힘들게만 느껴지진 않는다. 수업이 끝난 후, 내가 준비한 내용이 회원에게 도움이 되었음을 실감할 때, 준비 시간이 헛되지 않았음을 깨닫는다. 내 노력이 누군가 배움으로 이어질 때, 강사로서의 성취감이 밀려온다. 수업을 위해 쌓아온 노력과 반복된 과정이 결국 더 나은 강의를 만들고, 좋은 강사로 성장시킨다.

  매주 70명 남짓 회원이 이른 시간에도 꾸준히 찾아와 함께 공부하고 연습했다. 시간을 내어 성실히 공부하는 그들의 열정은 내가 수업을 잘 이끌어가도록 하는 원동력이 되었다. 노트북 화면으로 영어로 계속 말하며 훈련하는 회원 모습을 보면, 그보다 기쁜 순간이 없다. 내가 보기에도 이렇게 보람차고 흐뭇한데, 회원 스스로는 얼마나 뿌듯할까? 강의가 끝난 후, 그 성취감이 얼마나 클까? 한 시간 강의를 마치고 나면 몸도 마음도 개운하고, 성취감은 이루 말할 수 없다. 나처럼 회원도 '개운함과 성취감'의 매력 때문에 주말 아침마다 공부하러 오시지 않을까 싶다. 한 시간 동안 함께 영어를 배우고 연습하는 그 자체가 뿌듯하고, 감사하다. 강의에서 회원에게 이런 말을 자주 해줬다.

"모두 정말 대단해요. 오늘도 열심히 연습한 자신을 칭찬해 주세요."

마라톤 대회도 참여할 때마다 바로 성취감을 안겨준다. 대회를 완주한 뒤 온몸은 힘들지만, 그때 느끼는 성취감은 매번 새로운 활력을 준다. 마라톤 경험은 완주라는 결과에 머물지 않는다. 내가 새로운 목표를 세우고 도전하게 만드는 힘이 된다. 대단한 성공이나 큰 수입이 아니라도, 일상에서 쌓아 올린 작은 성취가 모여 결국 내 삶을 변화시킨다. 작은 성취감이 모이고 쌓여 행복과 성공으로 나를 이끈다.

달리기하면서 이게 과연 가능할까? 싶었던 일들이 실제로 이루어지는 순간이 있다. 그럴 때 느끼는 희열은 엄청나다. 처음에는 30분을 쉬지 않고 달릴 수 있을까. 다음에는 50분을 버틸 수 있을까. 의문이 들었다. 마침내 쉬지 않고 2시간 넘게 달리면서 하프마라톤을 완주했다. 모든 것이 막연하게 느껴졌지만, 꾸준한 훈련을 통해 하나씩 가능해졌다. 한 걸음 한 걸음 쌓아가며 목표를 이루는 과정에서 성취감이 밀려왔다. 불가능해 보였던 것들이 가능해지는 경험, 그것이 달리기가 내게 가르쳐준 값진 배움이었다.

성취감을 최대치로 끌어올리는 특별한 시기가 있다. 1월부터 3월, 그리고 9월부터 연말까지를 새로운 도전을 계획하고 실천하고 집중하는 기간으로 정해두고 있다. 이때 자격증 취득, 미국 드라마 100번 보기, 영어강의 완강하기 같은 목표를 세운다. 목표를 차근차근 이루어가는 과정에서 삶의 방향성을 찾아가는 기쁨을 느낀다. 목표를 세우고 계획을 실천하는 동안 성취감이 커졌고, 이를 통해 하루하루를 의미 있게 채울 수 있었다. 연초 설렘 속에서 새로운 시작을 계획하며 몰입할 수 있었다. 연말에는 지난 성취를 돌아보며 스스로 점검하고 새로운 목표를 세우는 시간을 가졌다.

매 순간 열정이 넘치는 건 아니다. 체력이 고갈되거나 의욕이 떨어질 때가 있다. 이런 시기에는 내가 많은 일을 한꺼번에 해내려는 것은 아닌지 돌아본다. 잠시 멈춰 숨을 고르는 시간을 갖는다. 나를 돌보는 시간은 다시 시작할 에너지를 충전하는 데 도움이 된다. 그럴 때는 '하루 10분 이상 명상하기' 같은 미니루틴을 일상에 꼭 집어넣는다. 명상하면서 마음을 비우고 생각을 정리한다. 일주일 동안 명상하기 미니루틴을 지킨다. 일주일 습관을 형성하고 실천한다. 짧은 시간이지만, 일주일 습관을 이어가는 과정에서 정신력을 회복한다.

성취감은 목표를 달성하는 순간에만 찾아오지 않는다. 목표를 향해 나아가는 과정에서도 충분히 느낄 수 있다. 매일 작은 성취를 쌓아가는 삶은 결국 내가 꿈꾸는 미래를 만들어가는 길이 된다. 꾸준함이 나에게 믿음과 자신감을 심어준다. 성취는 작은 실천이 쌓여서 이루어진다는 것을 알기에, 오늘도 나 자신과의 약속을 묵묵히 이어가고 있다. '성실함이 이긴다.'라는 말처럼 결국, 성실함이 내 꿈을 이루게 해준다고 믿는다.

결국, 매일 성취감을 느끼기 위해 거창한 목표가 아니더라도, 실천할 수 있는 약속을 꾸준히 지켜나가는 과정에서 성취감과 행복이 자란다. 또 꾸준함과 성실함이 누적되면 내가 원하는 삶에 가까워진다. 매일 성취감을 느끼면서 더 나은 나를 만든다. 성취감의 힘이다. 오늘도 매일 성취감을 쌓아간다.

내가 책을 쓰는 이유

 2022년, 독서와 글쓰기를 권장하는 주제를 가진 책을 몇 권 읽었다. 읽다 보니 언젠간 나도 책을 써보고 싶다는 생각이 들었다. 마음속에 작가라는 꿈을 간직한 채, 내가 쓴 책도 누군가에게 도움 될 수 있기를 바라는 마음도 생겼다. 그러다 '7년 차 공무원 시절 과정과 공무원을 그만두고 하는 일'에 관한 내용을 책으로 쓰면 어떨까 하는 생각이 들었다. 글쓰기는 당시 감정과 경험을 생생히 남길 수 있는 훌륭한 방법이라고 생각했다.

 책 쓰기에 대해 검색하던 중, 우연히 블로그에서 2만 원 가입비로 책 쓰기를 돕는다는 프로그램을 발견했다. 부담 없는 가격이기에 가입했다. 왜 책을 쓰고 싶은지, 어떤 내용을 담고 싶은지 고민하며 목차를 작성했다. 바쁜 일상에서 책 쓰기는 점차 우선순위에서 밀려났고, 글쓰기를 멈췄다.

 함께 일하는 소리튠영어 코치가 책을 출판했다는 소식을 들었다. 줌(ZOOM)으로 진행된 저자 토크에 참석했다. 저자는 '글로다 짓기'라는 글쓰기 모임의 도움을 받아 책을 썼다는 이야기하셨다.

2024년 5월, 나도 '글로다짓기'에 가입했다. '글로다짓기' 최주선 대표님은 매주 한 번씩 줌 강의를 통해 책 한 권을 완성하는 과정을 상세히 설명해주셨다. 글쓰기 가이드도 제시해 주신다. 6월에는 '글로다짓기' 오프라인 모임에 참석했다. 윤미선 작가의 첫 책 『오늘도 엄마 CEO는 인생 돌파 중』 출간 파티를 했다. 책 제목과 표지가 새겨진 케이크를 본 순간, 작가로서 성취를 상징하는 의미로 다가왔다. 그날 가길 잘했다는 생각이 들었다. 감동적이었고 동기부여가 됐다. '언젠가 내 책이 완성되면, 내 책 표지가 새겨진 케이크로 출간을 축하받고 싶다'라는 상상이 머릿속에 피어났다. 글쓰기가 쉽지 않을 때마다, 이겨낼 힘이 되었다. 내 이야기가 책으로 완성되어 누군가에게 힘이 되고 영감이 될 날을 떠올리며 꾸준히 글을 써나가겠다고 다짐했다.

에세이를 쓰기로 한 후, 최주선 대표님이 내주시는 숙제를 통해 내가 쓰고 싶은 이야기를 글로 적어 제출하기 시작했다. 학창 시절부터 지금까지의 인생 경험을 다 끌어다 썼다. 8월부터 초고를 쓰면서 한 달간 바쁘다는 핑계로 글쓰기를 멈췄다. 9월이 되자 하는 일이 줄어들면서 불안감이 찾아왔다. 불안은 오히려 나를 독서와 글쓰기로 이끌었다. 책 속 새로운 이야기에 몰입하며 위로를 얻었고, 동시에 글쓰기에도 도움이 되었다. 독서가 쉼이자 치유였다. 덕분에 다시 글쓰기도 시작할 수 있었다. '이번엔 책 쓰기가 흐지부지 끝나면 안 돼.'라는 다짐과 함께, 글쓰기를 시작한 이유와 이를 통해 이루고자 했던 목표를 떠올렸다. 목표를 재정립하고 글쓰기를 이어갔다. 책은 이렇게 쓰이는 거구나 감각이 서서히 자리 잡기 시작했다. 설렘 가득한 마음으로 초고를 다시 쓰기 시작했다. 목차에 맞춰 A4 두 장 분량으로 한 꼭지씩 초고를 작성했다. 총 80장, 40꼭지를 완성해야 한다. 막연한 숫자에 압도되기보다, 한 꼭지가 완성될 때마다 달력에 기록하며 성취를 확인했다. '이제 20꼭지 썼네, 30꼭지까지 썼네'라고 숫자를 세며 진행 상황을 시각적으로 확인했다. 숫자를 하나씩 채워가다 보니, 어느새 목표가 코앞까지 다가왔다.

스스로 마감 기한을 정해 글을 썼다. 마치 출판사와 계약한 작가처럼, 누군가와 계약을 맺었다고 여기며 매일 정해진 분량을 채워갔다. 하루 한 꼭지씩 쓰겠다는 목표를 세우고 실천했다. 매일 글 쓰는 게 습관이 되었다. 하루 한 꼭지 쓰기를 마치고 나면 성취감이 들었다. 책으로 완성될 날을 상상하면, 지금 모든 노력이 값지게 느껴졌다. 매일 아침 일어나 일을 하듯, 글쓰기를 일과로 만들었다. 목표한 기한 내에 초고를 완성했다. 글쓰기가 얼마나 많은 시간과 노력을 요구하는지 알았다. 그리고 이 세상에 책을 출판한 작가 모두가 대단하다는 생각이 들었다. 인내와 열정이 존경스러워졌다.

매일 하루 한 꼭지씩 쓰는 일이 쉽지 않았다. 바쁘거나 영감이 떠오르지 않을 때는 글쓰기를 미루고 싶은 유혹이 있었다. 그럴 때마다 스스로 약속을 떠올리며 한 줄이라도 쓰기 위해 노력했다. 완벽한 글이 아니라, 목표를 향해 매일 쓰는 꾸준함이었다. 쌓여가는 글을 보며, 책 한 권을 완성할 수 있다는 확신이 강해졌다. 마감 기한을 지키며 글을 써가는 과정은 루틴이 되었다. 글쓰기가 일상이 되자 하루가 활기차게 흘러갔다. 글이 막힐 땐 산책을 하거나 책을 읽으며 생각을 정리했다. 떠오른 아이디어는 다시 글쓰기로 이어졌다. 일상에서 글감이 될 만한 소재를 발견하는 즐거움을 느끼고 있다. 글쓰기로 내 경험과 생각을 정리하는 일은 행복한 작업이다. 글을 쓰며 과거를 돌아보는 과정에서는 복합적인 감정이 생겼다. 힘들었던 순간을 적을 땐 마음이 무거워졌지만, 극복했던 이야기나 행복했던 순간을 풀어낼 땐 따뜻한 위로와 뿌듯함이 찾아왔다. 글쓰기는 나 자신을 되돌아보며 더 잘 살아야겠다고 다짐하게 만들고, 내게 치유의 시간이자 자기 성찰을 하게 만든다.

 2024년 12월, 내 이름이 담긴 책이 세상에 나왔다. '글로다짓기' 모임에서 처음으로 '공저'라는 개념을 알게 되었다. 공저란 여러 작가가 모여 각자 글을 합쳐 책 한 권을 완성하는 작업이다. 작년 9월, '글로다짓기' 열 명 작가가 힘을 모아 공저 책을 출간하기로 했다. 한 명당 네 꼭지씩 글을 써 책으로 엮어내는 과정이었다. 각자 경험을 담아 쓴 글을 만들어가는 3개월은 특별했다.
 내 책을 쓰는 동시에 공저 작업까지 병행했다. 벅차기도 했다. 그래도 경험이 최고 스승이라는 말이 있듯이, 공저 작업을 통해 퇴고 과정과 책 한 권이 완성되기까지 모든 단계를 경험했다. 책을 쓰는 데 필요한 세심함과 단계별 과정을 배우면서 글쓰기와 출판에 대해 이해할 수 있었다. 귀중한 배움의 시간이었다. 출간 계약을 마쳤다는 소식을 들었다. 우리 모두의 노력이 담긴 책이 나온다고 생각하니까 두근거렸다. 책을 보기 위해 서점에 갔다. 『일상의 평범함을 깨우다』가 진열된 모습을 봤을 때 감격은 이루 말할 수 없었다. '내 책이 교보문고 매대에 있다니' 직접 보니 감격 그 자체였다. 종이책을 통해 우리 모두의 글을 읽었다. 다양한 작가님들의 이야기 속에서 공감과 배움을 얻고 새로운 영감을 받을 수 있었다.

책을 출간하고 서평단을 모집했다. 독자는 우리 책을 보고 어떤 이야기를 남겼을까? 서평을 하나하나 읽어보는 재미가 있었다. 우리는 책을 썼고, 독자는 서평으로 답을 준다. 마치 서로의 생각을 글로만 주고받으며 대화하는 기분이 이런 걸까 싶었다. 내 이야기가 가장 기억에 남았다고 적은 독자 글을 읽었을 때는 신기하고 감사한 마음이 들었다. 내가 쓴 글이 누군가의 마음에 남았다니 놀라웠다. 서평을 통해 독자와 연결되는 기분이었다.

좋아하는 매화꽃 책갈피를 보며 '인내'라는 꽃말이 책 쓰기와 닮았다는 생각이 들었다. 나중에, 이 책갈피를 내 책에 꽂아서 읽고 싶다는 기대감이 글쓰기에 의욕을 더해주었다. 현재는 에세이를 쓰고 있지만, 나중에는 여행 또는 일과 관련된 책도 써보고 싶다. 내 생각을 글로 풀어내는 작업이 재밌고 의미있다.

제5장

행복한 성장을 이루어가다

내면의 소리가 이끄는 변화의 시작

'난 왜 일하고 있는 걸까. 내 삶에는 무엇이 남을까.' 생각해봤다. 지금 하는 일이 내 인생에 진정으로 의미가 있는 건지 의문이 생겼다. 일에 대한 회의감이 들면서 삶이 허무해졌다. 마치 오랜 시간 외면해 온 내면의 목소리가 침묵하지 않겠다는 듯, 단호하게 다가왔다. 무시할 수 없었다. '난 무엇을 하고 싶은 걸까, 내 삶에서 중요한 건 무엇일까.' 스스로 묻기 시작하면서 내면의 소리에 귀를 기울였다. 나를 새로운 방향으로 이끄는 힘이 되었다. 내가 진정으로 원하는 것을 찾아야 한다고 결심했다. 변화는 시작되었다. 나도 성장하고 남도 성장할 수 있는 일을 하고 싶었다. 익숙한 일에서 벗어나야 했다.

우선, 직업을 바꿨다. 누군가를 가르쳐 본 적이 없어서 처음에는 내가 할 수 있을까. 떨렸지만, 막상 다른 사람을 가르치는 일을 해보니 재밌고 기뻤다. 내가 전달한 지식이 누군가에게 도움이 되고, 그로 인해 나 자신도 성장했다. 내 안의 목소리를 믿기로 했다.

회원을 지도하며 처음으로 '선생님'이라는 호칭을 들었다. '선생님'이라는 말은 일에 대한 책임감을 느끼게 해주었다. '선생님' 호칭이 일을 더 열심히 하게 만드는 동기가 되었다. 회원이 나를 믿고 배우려는 열정을 보여줄 때마다, 내가 맡은 역할의 중요성을 실감했다. 회원이 질문하고 내가 답변을 해주면 "선생님 이제 이해됐습니다. 속이 시원해요. 정말 감사합니다."라는 반응을 들으면 기쁨이 차올랐다. 내가 전달한 지식이 그들에게 도움이 되고 있다고 느낄 때마다, 하나라도 더 알려주려고 준비하고 연구하고 싶어졌다. 일이 끝나면 공부하고 성장하는 시간을 가졌다.

몇몇 회원은 내가 매일 주는 음성 피드백을 꼼꼼히 글로 정리한다. 필기한 사진을 찍어 보내주시거나 대화창에 직접 작성해 보내주셨다. 회원의 열정이 전해져 나 또한 더 나은 선생님이 되기 위해 끊임없이 배우고 노력해야겠다고 다짐했다. 회원으로부터 긍정적인 피드백을 받을 때면 자신감이 생겼다. 신뢰에 부응하고 싶다는 책임감이 커진다. 신뢰받는 코치가 되기 위해 자기계발을 멈추지 않고, 회원들이 영어를 꾸준히 이어갈 수 있도록 진심으로 돕고 싶다.

소리튠영어 코치 중 한 분이 내게 코칭 비결을 물어본 적이 있다. "저는 대표님께 배운 대로 하면서 그때그때 회원의 문제점에 맞춰 저만의 코칭 기술을 접목하고 있어요." 이 말을 하면서, 나도 모르게 내 안에서 자신감이 커졌다는 걸 알았다. 사람을 성장시키며 내 스타일을 찾아가는 과정이 흥미로웠다. 모든 경험은 내가 어떤 사람인지, 무엇을 원하는지를 알게 해주는 중요한 표시가 되었다. 가르치는 직업은 내 안의 가능성을 발견하고, 성장할 기회를 만들어 주었다.

  회원을 가르치면서, 나 자신과 대화하는 시간이 많아졌다. 더 나은 길을 찾고자 내면의 소리에 집중한다. 나를 다스리고 내 안의 소리에 귀 기울이는 방법의 하나가 바로 명상이다. 명상으로 내 마음과 생각을 차분히 들여다본다. 명상은 내면의 소리에 집중하며 복잡했던 생각을 정리하고, 나 자신과 연결될 수 있게 해준다. 마음의 평화를 찾아준다. 아침에 5분에서 10분 정도 명상을 한다. 유튜브에 명상 음악을 검색하고 눈을 감는다. 머릿속이 맑아지고 차분해지는 기분이 든다. 평온함이 밀려오면서 하루를 차분하게 시작할 수 있게 된다.

  재택근무 중에도 가끔 명상으로 지친 마음을 달랜다. 일하다 보면 몸과 마음이 금세 피로해지는데, 이때 5분 명상으로 몸과 마음의 긴장을 푼다. 명상에 집중하다 보면 내 안으로 깊숙이 빨려 들어가는 듯한 느낌이 들 때도 있고 멍해질 때도 있다. 뭐가 됐든 마음은 가벼워진다. 짧은 시간이지만, 명상은 일상에서 쌓인 피로와 혼란스러운 마음을 정리하고 다시 중심을 잡는 데 도움을 준다. 반복할수록 명상 효과는 선명해지고, 마음을 편안하게 돌보는 시간이다.

  아무것도 하기 싫을 때일수록 나 자신과 깊은 대화를 나눴다. 요즘 내가 느끼는 감정이 무엇인지 살펴보고, 마음속 깊은 고민을 들여다보는 시간을 가졌다. 가만히 눈을 감고 조용히 생각하거나, 글로 내 마음을 표현해보기도 했다. 남에게 보여주는 게 아니다. 나만 알아야 한다. 명상과 사색으로 나 자신과 소통하면서 스스로와 긴밀해졌다. 내 안에서 들려오는 소리에 귀를 기울였다. 내면의 소리가 가리키는 방향을 따라 새로운 도전을 멈추지 않고 이어가고 있다.

발레리나 김주원 작가 책 『나와 마주하는 일』을 읽었다. 그녀는 발레리나로 살아가며 끊임없이 자신의 부족함을 직시하고, 스스로 한계를 마주하는 일이 성장의 필수 조건이라고 말한다. 책을 읽으며 공감했다. 나와 마주하는 시간은 내가 부족한 점은 무엇인지, 무엇이 나를 어렵게 하는지, 어떻게 하면 더 나아질 수 있을지 깊이 들여다보는 과정이다. 그 시간 속에서 내 꿈을 향한 집중력도 생겨난다. 나는 종종 외부의 소음에 휩쓸려 나 자신의 내면의 소리를 외면했다. 하지만 진짜 변화는 내가 나와 솔직하게 마주하는 순간부터 시작된다. 내면이 들려주는 소리에 귀 기울일 때, 변화의 방향이 보이고 앞으로 나아갈 힘이 생긴다.

일이 잘 풀리지 않을 때, 지금보다 더 잘하고 싶을 때, 지금 가는 길이 옳은지 의심이 들 때마다 내면의 소리는 출발점이 되어주었다. 내가 가야 할 방향을 알려주는 안내자이다. 삶의 중요한 순간마다 내면의 소리는 찾아왔다. 그 소리를 외면하지 않고 귀를 기울였을 때, 비로소 변화를 시작할 수 있었다.

안정적이고 익숙한 일상에서 벗어나 내가 진정으로 원하는 걸 찾기 시작한 것도 바로 내 안의 소리를 따라간 덕분이었다. 이제 삶의 중요한 선택을 할 때마다 내 안의 소리에 집중한다. 책을 통해 얻은 통찰과 그동안 쌓아온 노력이 더해지며, 내면이 전하는 메시지를 신뢰할 수 있게 되었다. 변화를 이끄는 힘은 바로 내 안에 있다. 내면의 소리에 귀 기울이며 한 걸음씩 나아가면서, 나만의 길을 만들어가고 있다. 변화의 출발점은 결국 나 자신과의 대화에서 온다. 내면의 소리를 듣고, 그 소리를 믿으며 한 걸음씩 내디딘다. 진정한 삶을 찾아가는 시작이자, 앞으로도 나를 이끄는 기준점이다.

회피 대신 문제를 마주할 진정한 용기

 일하면서 생기는 문제는 곧바로 해결하려 애썼다. 삶에서 마주하는 내 문제는 뒤로 미루며 살아왔다. 내 문제는 시간이 지나면 자연스럽게 해결될 거라 믿었지만, 상황은 나아지지 않았다. 오히려 문제는 복잡해지며, 그로 인한 불안과 답답함은 날로 커져만 갔다. 바쁘다는 핑계로 정작 중요한 고민을 외면했다. 곳곳에 숨어 있는 문제를 버려둔 채. 일상은 겉으로는 정리된 삶처럼 보였지만, 내 안에는 해결되지 않은 문제로 인해 답답함이 묵어갔다.

 문제를 담아두는 내 마음의 공간도 한계에 다다랐다. 무제한으로 문제를 쌓아두고 내버려 둘 수 없었다. 내면에 쌓인 문제를 해결하지 않고서는 나아갈 수 없었다. 더는 회피하지 않고, 문제를 직면하기로 했다. 문제의 실마리를 어디서부터 풀어야 할까. 우선 내가 가진 고민과 문제를 글로 적어보기로 했다. 글로 적는 과정에서 문제를 구체화하고, 막연했던 걱정이 하나씩 모습을 드러냈다. 문제를 눈앞에 펼쳐놓고 하나씩 들여다보며 해결책을 모색했다. 내가 어떤 사람인지, 무엇을 두려워하고 무엇을 원하는지 알기 시작했다. 문제를 직면하는 데 오래 걸렸지만, 해결하려고 노력하니 예상보다 빠르게 풀렸다.

  첫 번째 고민은 인간관계였다. 모든 사람이 나와 잘 맞을 수 없다. 직장에서 성향이 맞지 않는 사람과 일하고 필요 이상으로 대화를 이어가야 하는 상황이 부담스럽고, 스트레스였다. '이런 스트레스를 줄이기 위해 내가 무엇을 할 수 있을까?' 고민했다. 내가 바꿀 수 없는 상대방 태도 말고, 내 태도를 변화시켜야 했다. 타인의 말과 행동이 내 감정에 미치는 영향을 최소화하기 위해 거리를 두었다. 부정적인 상대방 언행은 그 사람 문제로 간주했다. 즉각적인 반응을 피하고 감정을 조율할 시간을 가지려 노력했다. 불편하거나 화가 치밀 때마다 잠시 멈추고 '왜 저런 행동을 하지?' 생각하며 상황을 객관적으로 바라보려고 했다. 내 감정을 차분하게 다스리고 균형을 유지하는 데 도움이 되었다. 타인을 변화시키려는 시도는 나를 지치게 할 뿐이었다. 반면, 내 태도를 변화시키는 건, 일상에 평온함과 안정감을 가져다주었다. 태도를 바꿨더니 인간관계도 유연해졌다.

  책 『아이는 무엇으로 자라는가』에서 "다행스러운 점은 나이나 상황과 관계없이 누구든 자존감을 높일 수 있다는 것이다"라는 부분이 인상 깊었다. 자존감이 낮아진 것은 학습된 결과이며, 배운 것은 잊을 수도 있고 새로운 것으로 대체할 수도 있다는 말도 와닿았다. 인간은 평생 학습하고 변화할 수 있는 존재라는 점에서, 나도 나의 자존감을 강화할 수 있다는 희망이 생겼다. 책에서 "언제든 새로운 것을 배울 수 있으므로 인생은 변화할 수 있으며, 그렇기에 언제나 희망이 있다"라는 메시지를 봤다. 사람은 나이가 들수록 변화가 조금 더디고 어려울 수 있지만, 노력과 의지만 있다면 성장과 변화는 언제든 가능하다고 강조한다. 나 자신을 변화시킬 수 있다는 확신을 심어주었다. 자존감을 높이기 위해 노력했다. 나 자신을 긍정적으로 바라보고, 새로운 시도와 경험을 통해 성장하는 나를 발견했다. 내 가치를 스스로 확립하고 나니, 타인의 부정적인 말이나 행동에 흔들리지 않는 힘도 생겼다. 자존감을 강화했더니 인간관계에서 스트레스가 줄어들었다.

두 번째 고민은 금전에 관한 것이었다. 내가 좋아하는 책 『습관디자인 45』에 '돈'에 대한 이야기가 나온다. "1%의 사람은 자신을 성장시키기 위해 돈에 얽매인다. 자기 투자에 적극적이다. 99%의 사람은 돈에 얽매이는 것을 쩨쩨하다고 여기며 자기 투자에 소극적이다. 1%가 되고 싶다면 돈을 사랑하고, 일류를 접하기 위해 돈을 써라." 돈이 있어야 나에게 투자할 수 있고 성장할 수 있다. 돈 많은 사람의 특징을 생각해봤다. 대부분 가치관과 색깔이 분명했고, 많은 경우 사업을 하고 있었다. 자연스럽게 이런 생각이 들었다. '돈을 많이 벌려면 많은 사람에게 도움이 되는 사업을 하면 가능하지 않을까?' 내가 열정을 다해서 할 수 있는 일을 찾고, 최고의 스승에게 배운 뒤, 나만의 방식으로 사업을 시작하고 싶어졌다. 내가 원하는 경제적 자유와 성장은, 나만의 색깔을 담은 가치 있는 일을 통해 가능하다는 확신이 들었다. 돈만 많이 벌면 된다는 목적이 아니라, 나 자신을 성장시키고 많은 사람에게 긍정적인 영향을 미칠 수 있는 수단이 되도록 만들고 싶었다.

마지막 고민은 미래에 대한 불안이었다. 앞으로 5년, 10년, 20년 후 난 어떤 모습일까? 미래를 상상해봤다. 구체적으로 미래에 대해 생각해보니까 막연한 불안감이 줄었다.

5년 후, 내가 속한 분야에서 전문성을 인정받는 사람으로 성장해 있기를 꿈꾼다. 꾸준히 공부하고 배우면서 내가 이뤄낸 성과에 자부심을 느끼는 삶을 살고 싶었다. 자기 관리도 잘하고 신체적, 정신적으로 단단한 사람이 되고 싶다. 10년 후, 내가 속한 공동체와 사회에 긍정적인 변화를 불러오는 사람이 되고 싶다. 경제적으로 안정된 기반을 다지고, 취미를 즐기며 여유를 누리는 동시에, 주변 사람에게 긍정적인 영향을 끼치는 리더로 자리 잡고 싶다. 20년 후, 넓은 세상과 교류하며, 많은 사람과 행복을 나누는 삶을 희망한다. 내가 살아온 경험을 바탕으로 다른 사람에게 멘토가 되어주고, 그들과 함께 성취를 이뤄가기를 바란다. 내 지식과 경험을 나누며 행복한 세상을 만들고 싶다. 내가 선택한 삶을 진심으로 사랑하며, 평화롭고 충만한 하루를 살아가는 사람이 되어있기를.

미래를 상상하며 목표를 설정하는 과정은 내가 어떤 인생을 원하는지, 꿈을 이루기 위해 지금 어떤 걸 해야 하는지 분명히 알게 되었다. 미래에 대한 걱정에 머물러 있는 것이 아니라, 나만의 방향을 향해 한 걸음씩 나아가기로 했다.

문제를 끄집어내어 글로 정리하는 과정은 스스로 해결책을 찾게 해줄 뿐만 아니라, 이를 마주할 용기를 키워준다. 글쓰기는 문제를 풀어가는 강력한 도구이다. 이제 내 문제를 두려워하지 않는다. 생각하고 해결하는 과정에서 성찰을 얻는다. 회피 대신 문제를 마주하는 용기가 필요하다.

꿈을 꾸고 준비하는 시간이 필요한 이유

 만족스럽지 않은 급여, 반복적인 업무, 직장에서 겪는 온갖 스트레스. 이 자리에 머무는 게 행복하지 않았다. 퇴사를 고민했지만, 쉽게 결정할 수 없었다. 공무원이 되기 위해 오랜 시간 노력했고, 경쟁을 뚫고 합격했다. 내가 어떻게 여기까지 왔는데. 안정과 익숙함을 포기하는 일이 두려웠다. 그리고 그만두고 잘 안되면 어떡하지 불안하기도 했다.

 20대 중반의 나는 안정적인 직장을 가진 공무원이 되고 싶었다. 공무원이 된 후에는 앞으로 1년, 3년, 5년 뒤의 미래를 고민하기보다 그저 하루하루 출근하며 시간을 보냈다. 시간이 지나며 내 삶을 돌아보는 시간이 많아졌다. 미래를 깊이 고민하고 꿈을 그려나가다 보니, 공무원을 그만두고 내가 진정으로 원하는 일을 해보고 싶다는 생각이 들었다. 일을 통해 승부를 보고, 즐겁고 행복한 삶을 살겠다고 결심했다. 내가 선택한 길이 SNPE바른자세척추운동 강사와 소리튠영어 코치다. 지금은 일이 끝날 때마다 보람을 느낀다. 공무원 시절, 퇴근 후에는 잘 느껴보지 못했던 감정이다. 그때는 주어진 일을 해내고 하루를 마무리했을 뿐이었다. 지금은 내가 하는 일이 누군가에게 도움이 된다는 확신이 있다.

  결정을 내리기까지 고민과 시간이 필요했지만, 결국 내가 원하는 삶을 선택했다. 안정보다 성장을, 익숙함보다 도전을 택했다. 선택이 옳았다는걸, 실감하고 있다.

  어떤 일을 직접 해보기 전에 나에게 잘 맞는지 알 수 없다. 공무원은 내 적성과는 맞지 않았다. '내가 원했던 일이었는데. 이게 정말 내가 바라던 삶일까?' 혼란과 실망이 밀려왔다. 직업 선택에 또다시 실패했다는 좌절감도 느껴졌다. 직업에 대해 고민했다. 인생 방향을 새롭게 정리하고 나를 알아가는 과정을 거쳤다. 어떤 일을 하고 싶고, 어떤 삶을 살고 싶은지. 질문을 던지며 방향을 찾기 시작했다. 책을 읽기 시작했고, 운동하면서 자기계발을 했다. 나를 알아가기 위해 노력했다. 책에서 '직장은 단순히 돈을 벌기 위한 공간이 아니라, 꿈을 이루기 위한 발판으로 삼아야 한다.'라는 문장을 만났다. 직장에 관한 생각을 전환하게 해줬다. 일이 나와 맞지 않는다고 느껴질 때, 내 꿈에 투자하는 시간이라고 생각했다. 힘든 상황에서 내가 무엇에 어려움을 느끼고, 무엇을 원하는지 고민했다. 직장 생활이 무의미하게 느껴질 때, 꿈을 이루기 위한 하나의 과정으로 바라보기 시작했다.

  새로운 꿈을 찾고 싶다면, 자신을 탐구하는 데 충분한 시간을 투자해야 한다. 다행히 요즘 책, 온라인 강의, 유튜브, 박람회 등 다양한 매체를 통해 진로를 계획할 기회가 많다. 여러 매체를 활용하면 나를 이해하고 꿈을 구체화하는 시간을 가졌다. 이때 조급함은 걸림돌이 될 수 있다. 천천히 나를 탐구하고, 즐기는 게 중요하다. 나를 사랑하게 되었고, 삶 속 작은 변화가 모여 큰 변화가 이어졌다. 나 자신을 알아가는 과정은 꿈을 찾는 일을 넘어, 내 삶을 진정으로 바라보게 만드는 귀한 시간이다. 꿈을 탐구하는 데 시간을 들이는 일은 나만의 방향을 찾는 첫걸음이자, 삶의 새로운 길로 나아가는 힘이 된다. 삶의 방향을 찾는 과정은 한 번 선택으로 끝나지 않는다. 끊임없이 탐구하고 행동해야 한다. 나를 이해하기 위해 시간을 들여 나 자신을 탐색했다. 내가 진정으로 원하는 게 무엇인지 알게 되었다. 공부하고, 다른 사람에게 가르치는 일을 좋아했다. 공무원을 그만두고 새로운 직업을 택했다. 인생 방향을 재설정했다.

바라던 소리튠영어 코치가 됐다. 영어 소리 코칭을 하면서 부족함이 느껴질 때면 나 자신을 자책했다. 하지만, 나를 탓하는 건 소용없었다. 내 역량의 부족함을 탓하고 필요한 역량을 키우기로 마음먹었다. 내가 소리튠영어에 입사하기 전에 녹화됐던 코치 성장을 위한 교육과 회의를 하나씩 보면서 분석했다. 회사가 추구하는 가치를 이해했고, 회원을 효과적으로 가르치는 방법을 파악했다. 회원의 영어 소리 성장을 위해 필요한 기술은 따로 공책에 정리하고 학습했다. 이 과정에서 부족한 부분을 보완하기 위해 추가 공부를 하고, 새로운 기술을 습득하며 코치로서 역량을 키워가기 위해 노력했다. 회원 개개인에게 맞춘 피드백을 제공할 수 있는 나만의 비법이 생겨나기 시작했다. 업무에서 겪는 어려움이 내 강점과 약점을 이해하게 해주었다. 한층 더 성장할 수 있는 계기가 되었다. 힘든 순간은 나를 멈춰 세우지만, 그 시간을 어떻게 활용하느냐에 따라 배움과 성장의 기회로 바뀔 수 있다. 어려움 속에서도 배움의 기회를 찾았다. 문제를 해결하고 이전보다 발전했다. 역량의 부족함이 채워지기 시작했고 내 가능성까지 확장할 수 있음을 배웠다.

한 강연에서 "직과 업을 분리하세요"라는 말을 들었다. 관련 내용을 자세히 알고 싶어서 인터넷에 검색해봤다. 직(職)과 업(業)의 차이를 설명한 신문기사가 있었다. 기사에는 "직은 사회적 타이틀이자 생계 수단이다. 직은 조직 안에서 일을 통해 얻는 명함, 직함, 연봉 같은 유형 자산을 의미한다. 외부의 인정과 평가를 동반하며, 조직을 떠나면 사라진다. 반면, 업은 일을 통해 얻는 경험, 기술, 전문성 같은 무형 자산이다. 업은 조직을 떠나도 내면에 남아 나를 지탱하는 힘이 된다."

직과 업의 차이를 알았다. 직을 넘어 내 업을 찾으려면 무엇을 해야 할까? 기사를 통해 알게 된 내용처럼, 직은 업을 이루기 위한 시작점에 불과하다. 점이 모여 선이 되듯이, 직이라는 점을 꾸준히 찍어 나가야 업이라는 선을 이룰 수 있다고 생각한다. 업을 찾는 과정에서 "나는 누구에게 어떤 영향을 미칠 것인가?", "어떤 세상을 꿈꾸며 그 속에서 나를 어떻게 발현할 것인가?"라는 고민을 해야 한다. 일을 그저 반복하는 것이 아니라, 내가 하는 일을 통해 어떤 가치를 만들고 싶은지 끊임없이 고민해야 한다. 그래야 업으로 이어지는 길을 찾을 수 있다.

지금까지 어떤 일을 하든, 직으로만 바라보고 있었던 것은 아닐까. 조직 안에서 맡은 역할에 충실하며 외부 평가에 따라 나의 성취를 판단하고, 결과에만 연연했던 건 아닐까. 반면, 업은 내 내면에서 발전시키고 쌓아가는 능력이다. 조직을 떠나더라도 내 안에 남아 나를 지탱하는 힘이 되어준다. 이 점에서 제대로 업을 갖고 일하는 게 중요하다고 느꼈다. 직을 넘어 내 업을 정립하려 한다. 내가 어떤 사람에게 영향을 미칠 수 있을지, 어떤 세상을 꿈꾸며 그 속에서 나를 표현할 수 있을지. 명함 속 직함이나 연봉에 갇힌 삶이 아니라, 내 안에 남는 걸 쌓아가며 나를 확장하는 삶을 살고 싶다.

어떤 인생을 살고, 흔적을 남길지를 결정하는 질문을 던지려고 한다. 질문에 대한 답을 찾아가는 과정에서 진로를 찾아갈 수 있기를 바란다.

"당신은 직과 업을 분리하고 있나요?"

자주 웃고 즐겁게 사는 법

 첫 번째 하프마라톤에서는 내 멋대로 달리다가 페이스 조절에 실패했다. 그래서 두 번째 하프마라톤 대회에 참가했을 때 2시간 10분 페이스메이커 뒤를 따라 달렸다. 대회에 참가한 사람은 각자 나름의 목표와 방식으로 달리고 있었다. 어떤 사람은 빠르게, 또는 느리게. 또 어떤 사람은 동료와 발을 맞추며 달렸다. 달리면서 시각장애인 참가자와 그들의 페이스메이커를 보게 되었다. 옆에서 같이 달리다 보니, 대화도 듣게 됐다.

"어디서 맛있는 냄새가 나네요."
"근처에 부침개 파는 가게가 있어요, 개코네요 개코"

 그들은 웃음을 나누며 이야기하고, 즐기면서 앞으로 달려나갔다. 반면, 나는 오직 달리기가 언제 끝날지만 생각하며 완주에만 몰두해 있었다. 그들은 힘든 순간에도 대화를 나누며 마라톤 자체를 즐기고 있었다. 그 모습을 보며 나도 저렇게 달릴 수 있을까 생각이 들었다.

페이스메이커 뒤를 바짝 따라가며 2시간 10분 내 완주라는 목표에만 집중했다. 주변 풍경도, 많은 사람의 응원 소리도 제대로 느끼지 못했다. 대회 도중 오른쪽 발바닥에 물집이 잡히면서 통증이 찾아왔다. 속도가 느려졌고, 페이스메이커를 놓쳤다. 내 머릿속에서는 두 개의 목소리가 대립했다. '힘들다, 멈추고 싶다.' '안 돼, 여기서 포기하면 안 돼. 완주할 수 있어!' 완주를 응원하는 목소리에 귀를 기울였고 태도도 바꿨다. 기록보다 중요한 건 과정이다. 달리는 동안 주변을 느끼고, 순간을 즐기고 감사하자. 그러자 햇살에 반사된 한강 물빛이 눈에 들어왔다. 내 마음도 반짝였다. 파란 하늘, 함께 달리는 사람의 에너지, 응원 소리가 생생하게 다가왔다.

2시간 17분.

두 번째 하프마라톤을 완주했다. 그동안 마라톤 대회를 여러 번 참가하며 결과가 제일 중요하다고 생각했다. 기록 단축에만 집착하며 뛰었고, 그 과정에서 정작 달리는 순간의 의미를 놓치고 있었다. 하지만 이번 대회를 통해 배웠다. 좋은 결과를 얻기 위해서라도 과정이 즐거워야 한다. 힘든 순간에도 주변을 둘러보고, 몸이 느끼는 감각을 온전히 받아들이고, 스스로 응원하며 달리는 것이 값진 경험이라는 걸. 완주 후, 진한 행복이 밀려왔다.

『2억 빚을 진 내게 우주 님이 가르쳐준 운이 풀리는 말버릇』이라는 책에 저자는 2억 원 빚을 갚겠다는 결심과 함께 긍정 언어와 태도의 중요성을 강조했다. 매일 "감사합니다"와 "사랑합니다"라는 말을 반복하며 내면의 에너지를 변화시키는 과정을 보여준다. 긍정 표현을 습관으로 만들면서 저자는 빚을 상환할 수 있었고, 삶의 기쁨을 발견했다고 한다. 이 책을 읽으며 생각과 말의 중요성을 알았다. 내가 어떤 생각을 하고 말하냐에 따라 내 기분, 자신감, 행복, 심지어 미래에까지 영향을 미친다. 긍정적인 태도와 언어가 부정적인 태도보다 훨씬 나은 결과를 가져온다. "될 거야", "할 수 있어." 같은 긍정 표현이 잠재의식과 인생을 어떻게 변화시키는지를 알게 됐다. 특히 책에서 "감사합니다"라는 말의 힘은 강력했다. 무엇이든 감사하는 마음으로 접근하고 행동하면, 삶은 행복해진다. 감사는 긍정 에너지를 끌어들이는 촉매 역할을 한다. 감사하는 태도가 몸에 배어 있어야 한다. 웃으면서 감사하다고 말하는 연습을 실천했다. 의식하고 시작한 행동이 점차 몸에 스며들면서 습관으로 자리 잡았다. 결국, 내 말과 생각이 나를 만든다.

짜증스럽다는 생각과 말을 자주 반복했던 시절에는 짜증이 몸에 뱄다. 부정적인 생각과 말이 나도 모르게 내 삶을 갉아먹고 있었다. 긍정적인 태도와 언어를 기르기 위해서는 계속해서 노력이 필요했다. 잠재의식 자체를 긍정적으로 개선해야 했다. 잠재의식이 바뀌지 않으면, 겉으로 아무리 노력해도 변화가 일어나기 어렵다. 책을 읽고 난 후, 생활 속에서 감사함을 의식하며 반복했다. 억지로라도 웃고, 사소한 순간에도 감사하는 마음을 가지려 노력했다. 자연스럽게 웃는 횟수가 늘어나면서 삶이 활기차게 변하기 시작했다. 웃음도 습관이 되어야 한다. 변화는 때때로 웃음에서 시작된다. 힘든 순간에도 일부러라도 미소를 지었다. 그 순간, 유쾌해지고 상황을 긍정적으로 바라볼 수 있었다. 웃음은 나를 다독이고, 주변에도 긍정적인 에너지를 전한다. 함께 나누는 미소 속에서 즐거움을 느끼고, 행복이 자연스럽게 스며들었다. 하루를 마무리할 때도 감사한 일을 떠올리고 기록했다. 미소가 저절로 지어졌고, 마음속에 따뜻한 기운이 차올랐다. 감사하는 태도는 내 시선을 바꾸었다. 작은 것에도 기쁨을 느끼며 긍정적인 마음이 자리 잡았다. 웃음과 감사는 내 에너지를 변화시켰다. 예전에는 하루하루 무기력하게 흘려보내고 짜증을 많이 냈다. 이제는 하루하루 긍정적으로 생각할 때가 많아졌다.

요즘엔 유쾌한 사람이 현명해 보인다. 나도 유쾌한 사람이 되고 싶다. 유쾌하니까 즐겁다. 행복을 억지로 찾으려 애쓸 필요가 없다. 웃고, 감사하며 하루를 사는 거로도 충분하다.

과거에는 일이 뜻대로 풀리지 않으면 분한 감정에 사로잡혀 하루를 망치곤 했다. 긍정적인 생각을 가지려 노력하면서, 상황이 어려울 때도 '괜찮아, 다 지나갈 거야. 그러니까 웃으면서 하자'고 주문을 건다.

자주 웃고 즐겁게 사는 것, 다 나를 위한 일이다. 나도 그렇게 해보니 훨씬 기분이 좋아지고 하루가 달라졌다. 혹시 오늘 웃을 일이 없었다면, 지금이라도 한 번 미소 지어보는 건 어떨까? 웃음 하나가 기분을 바꾸고, 하루를 더 즐겁게 만들어줄지도 모른다.

그냥 얻어지는 것은 없다

 자격증을 취득하면 관련 분야의 기술을 잘 가르치는 전문가가 된다고 생각했다. 실전에 들어가 보니, 이론과 현실은 달랐다. 이론상 알고 있다고 생각한 지식도 실제 회원들을 지도하는 과정에서는 그대로 적용되지 않았다. 회원 한 명 한 명의 상황과 요구를 이해하는 것이 우선이었다. 이론상으로는 정답처럼 보였던 방법도, 실전에서는 각 회원의 특성과 목표에 맞게 유연하게 조정해야 했다. 예상치 못한 변수가 많았다. 처음에는 이론과 실전 차이에서 한계를 느꼈다. 포기하지 않고, 회원의 반응을 세심하게 살피고, 부족한 부분을 보완하려 노력했다. 자연스럽게 가르치는 기술이 생겼다. 가르칠수록 자신감이 생겼다. 이론만으로는 가르칠 수 없다. 실전 경험을 통해 쌓이는 기술이 있어야 한다.

 영어와 운동 두 분야를 가르치면서 배우는 것도 많다. 어려운 순간에 멈추고 싶을 때도 있었지만, 바로 그때가 나 자신을 돌아보며 성장하는 시기였다. 시행착오를 거치며 발전하는 과정 안에서, 가르침이란 상황에 맞게 적용하고 소통하는 능력을 키우는 거라고 깨달았다. 가르치는 일은 내가 아는 걸 전달하고, 상대방 상황에서 생각하고 그들이 진정 필요한 걸 알려주는 과정이었다. 가르치는 일도, 배우는 일도, 그저 얻어지는 것은 없다. 시행착오 속에서 쌓여가는 경험이 나를 더 견고한 선생님으로 만들어준다. 소리튠영어 코치, SNPE바른자세척추운동 강사로 겪었던 경험과 깨달음이 나를 끊임없이 성장하게 만든다. 무엇이든 쉽게 얻어지는 일은 없다. 부딪히고 배우는 과정이야말로 내가 가야 할 길이다. 앞으로도 나를 믿고 찾아오는 회원에게 도움을 주기 위해, 배우고 성장해야 한다는 책임감을 느낀다.

　소리튠영어에서 코치로 활동을 시작한 첫 달, 단 한 명의 회원만을 맡게 되었다. 한 명만 지도하는 거로 실력이 늘까. 의문이 들었다. 회원이 많아야 다양한 경험을 쌓고 빠르게 성장할 수 있을 것 같았다. 그런데 회원 한 명에게 피드백을 주는 일은 예상보다 훨씬 많은 시간과 노력이 필요했다. 회원 영어 발음을 듣고 문제점을 분석한 뒤, 해결책을 제시하고, 녹음된 파일을 다시 검토하는 과정을 반복했다. 내 말투가 어색하고 딱딱했다. 로봇이 말하는 거처럼 인위적이었다. 녹음을 반복하며 말투를 다듬는 데 많은 시간을 보냈고, 한 명의 회원만 맡았음에도 몇 시간씩 걸리는 날도 있었다.

　회원 영어 발음이 좋아지길 바라는 마음으로 열정을 쏟았고 애착도 생겼다. 다행히 그분은 배움에 적극적이셨고, 질문도 많았다. 매일 동기부여와 피드백을 제공하며, 회원이 긍정적인 마음을 유지할 수 있도록 도왔다. 온라인으로 진행했지만, 영어라는 매개체 덕분에 우리는 빠르게 친밀감을 형성했다. 회원이 매번 감사 인사를 전해줄 때마다 나 역시 진심으로 감사한 마음을 느꼈다. 회원이 소리튠영어 커리큘럼을 끝까지 마치고 졸업했다. 내가 제공했던 도움과 가르침이 실제로 변화를 만들어냈다는 걸 실감하며 뿌듯함을 느꼈고, 자신감을 심어주었다. 이후에 어떤 회원을 만나든, 처음부터 마무리할 때까지 과정을 어떻게 이끌어가야 할지에 대한 감이 잡히기 시작했다.

시간이 지나며 회원 수가 많아졌다. 회원이 공통으로 틀리는 발음 유형이 보이고 들리기 시작했다. 같은 문제를 여러 번 접하다 보니 데이터가 쌓였다. 특정 단계에서 대다수 회원이 어려움을 느끼는 단어나 문장을 빠르게 파악할 수 있었다. 문제를 신속히 분석할 수 있게 되면서 코칭 과정이 효율적으로 변했다. 회원의 실수를 빠르게 잡아내고, 맞춤형 피드백을 제공하면서도 지도 시간이 단축되었다. 그만큼 많은 회원을 효과적으로 도울 수 있었다. 나도 회원과 함께 성장한다. 내가 가진 지식과 기술을 어떻게 활용해야 하는지를 배우게 됐다. 회원이 성장하는 모습을 지켜보며 보람을 느낀다.

처음에 운동 강사로 일하면서 '운동하는 자세만 보여주면 잘 따라 하겠지'라고 생각했다. 막상, 운동을 직접 가르쳐보니 한 동작을 알려줄 때 세심하게 설명해줄수록 운동의 효과가 극대화된다는 걸 알았다. 손과 팔 위치, 다리 간격, 시선 방향 등 자세하게 알려줘야 했다. 예를 들어, 엉덩이에 힘을 주어야 하는 동작에서 회원이 어깨나 목에 힘을 주고 있다면, 이를 바로 잡아주고 관찰하며 큐잉(CUEING)을 준다. "엉덩이보다는 목에 힘이 잔뜩 들어가 있어요. 목 어깨 긴장 풀고 발바닥 꾹 누르면서 다리 사이 모으고 엉덩이 힘에 집중할게요." 이렇게 말만 해줘도 긴장된 어깨가 풀리는 경우가 있다. 아니면 핸즈온(HANDS ON)을 통해 자세를 수정해주기도 한다. 그래도 안 되면 그 주변을 도구로 이완해준다. 이렇게 맞춤형 피드백으로 회원이 자신의 몸에 집중하도록 돕는다. 세밀한 설명과 피드백이 있을 때, 회원은 자신감을 가지고 점차 난도가 높은 동작도 소화해 낼 수 있다. 특히 초보 회원에게는 단계별 지도가 필수이다. SNPE바른자세척추운동 1번 동작을 가르칠 때, "엉덩이를 뒤로 빼고 앉으세요"라는 간단한 설명만으로는 부족했다. 운동 목적과 사용하는 근육에 대해 먼저 설명한다. 발 위치, 무릎 방향, 척추 정렬 등 세부 요소를 차근차근 알려준다. 왜냐하면, 처음에 동작을 제대로 익혀서 운동해야지 운동 효과를 볼 수 있기 때문이다. 회원이 동작을 정확히 수행하도록 돕기 위해 강사는 단순한 시범을 넘어 동작을 정교한 단계로 나누고, 회원이 이해하기 쉽도록 자세히 설명해야 한다.

SNPE바른자세척추운동 그룹 수업을 진행하며 매주 새로운 수업 순서를 구성한다. 처음 몇 달은 내가 구성한 수업을 무사히 끝내기만 해도 안도감을 느꼈다. 수백 번 넘게 수업하고 나니 여유가 생겼고 잘하고 싶어졌다. 이제는 수업을 마치는 것 이상으로 어떻게 하면 회원이 운동을 즐기면서 할 수 있을까 고민하면서 수업을 짠다.

초보 운전 시절이 떠올랐다. 처음에는 앞만 보고 운전하는 것도 힘들었다. 시간이 지나면서 시야가 넓어지고 운전이 익숙해졌고 여유로워졌다. 운동 강사 초기에 내가 그날 준비한 운동만 가르치기 바빴다. 이제는 회원 동작과 표정을 관찰하며 지도할 수 있는 여유가 생겼다. 초반에 개인 수업을 마치고 원장님으로부터 "회원의 몸을 더 잘 살피고 지도하라"는 피드백을 받았다. 회원 자세를 주의 깊게 살피기 시작했다. 신기하게도 점점 많은 게 눈에 들어오기 시작했다. 회원마다 움직임이 제각각이다. 어떤 회원은 유난히 한쪽 골반만 많이 쓴다거나, 어깨를 못 움직이는 게 느껴졌다. 개개인에게 맞는 지도 방식을 빠르게 주는 게 중요했다. 앞으로도 시간과 노력을 꾸준히 쌓아가며 내가 할 수 있는 일의 폭을 넓히고, 회원에게 신뢰를 주는 베테랑 강사가 되고 싶다. 경험과 배움이 쌓일수록 강사 역량은 확장된다.

재택 프리랜서로 다른 삶을 돕는 기쁨

소리튠영어에서 재택 프리랜서로 일하고 있다. 회원에게 매주 개인 맞춤형 진도표를 만들어준다. 회원이 진도표에 따라 강의를 듣고 영어 소리를 녹음해 보낸다. 녹음을 듣고 영어 소리 문제점을 분석하고 개선 방향을 제시한다. 회원은 내 피드백을 반영해 다시 연습하고 녹음해서 보내는 과정을 반복한다. 이러한 과정을 20일 동안 지속하며 소리를 교정한다. 이를 '1:1 음성 PT'라고 한다. 나와 1년 가까이 '1:1 음성 PT' 훈련을 이어가고 있는 회원 K가 있다. K는 이미 강의를 완강했지만, 영어 소리를 체화시키기 위해 훈련을 연장한다. 그리고 자신의 영어 소리를 더 발전시키고 싶다며 연습을 계속한다. 회원은 내 피드백에 만족하며 "하니 코치님 덕분에 영어공부가 재미있어졌어요."라는 메시지를 보냈다. 회원이 나를 신뢰하고 훈련을 지속해주셔서 감사하다. 내가 하는 일이 회원 삶에 긍정적인 변화를 불러왔다고 생각한다. 집에서 혼자 일하지만, 회원과 실시간 소통을 한다. 회원이 보내오는 감사 메시지들 덕분에, 매일 고마운 마음으로 일한다.

코치로 일하기 시작했을 때, 목표를 적어두었다. '회원 영어 소리를 성장시키고, 그들이 긍정적인 마음가짐을 가질 수 있도록 돕는 코치가 되자. 지금까지 수백 명 회원의 과제를 듣고 피드백을 해줬다. 그동안 회원들이 보여준 성장과 진심 어린 감사의 말을 보내오는 모습을 보며, 내가 설정했던 목표가 잘 이루어지고 있음을 느낀다.

'1:1 음성 PT' 과정 중에 회원을 중간 점검하는 날이 있다. 그날 회원에게 "그동안 저와 함께한 훈련이 어떠셨나요?"라고 묻는다. 부정적인 반응이 오면 어쩌나 긴장됐다. 그러나 대부분 회원은 "코치님, 너무 좋아요. 꼼꼼하게 봐주셔서 감사합니다."와 같은 긍정적인 답변을 해주었다. 매달 반복하는 일인데 회원 답변을 받을 때마다 매번 감동한다. "하니 코치님 덕분에 이 시간을 버텨냈어요. 정말 감사합니다"라는 메시지를 받고 뭉클했던 적도 있다. 중간점검은 코치로서 내 목표와 초심을 잃지 않게 도와준다. 회원에게 마음을 다해서 가르쳐주고 싶다.

과제 제출을 힘들어하는 회원에게 나도 소리튠영어 수강생으로 시작했다는 이야기를 강조한다. 처음에 나도 당신과 똑같이 어려움을 겪었고, 힘든 순간마다 강의를 듣고 코치 피드백을 받으며 버텼다. 그때가 있었기에 지금 내가 있다고 말해준다. 그러니 힘들 때마다 코치에게 기대면 된다고 해준다.

"지금은 동굴 속에 있는 것 같지만, 긴 터널을 지나면 햇빛을 볼 날이 옵니다."

회원이 "네 코치님 열심히 하겠습니다. 감사합니다"라고 답할 때, 그들의 의지에 감동하고, 내 피드백이 그들에게 힘이 되었음을 실감한다. 회원이 긴 터널을 잘 지나갈 수 있도록, 소리튠영어 여정을 함께하며 최선을 다하고 싶다. 그들의 성공은 내 성공이 되고, 그들의 성장은 나의 성장으로 이어진다. 회원에게 진정한 힘과 용기를 줄 수 있는 존재로 남고 싶다. 회원의 긍정적인 변화와 성장은 내가 이 일을 하며 느끼는 보람이자, 앞으로 나아가게 한다.

 소리튠영어에는 에이스 승급 제도가 있다. 일정 단계를 마치면, 회원은 에이스 도전을 위해 정해진 단어와 문장을 녹음해서 한 달에 두 번 도전할 수 있다. 에이스 도전하는 날, 회원은 녹음 파일을 올리고, 2주 뒤 주아 대표님이 직접 소리를 듣고 평가한다. 불합격이면 부족한 점을 피드백 해주고 다시 도전할 수 있도록 안내해 준다. 코치인 나는 회원이 에이스 도전에 합격할 수 있도록 도와준다. 에이스 도전하는 날이 되면 나도 바빠진다. 코칭 규정상 전날 올라온 과제는 다음날 피드백을 주게 되어있지만, 에이스 도전 파일은 최대한 빠르게 피드백을 주는 것이 중요하다. 그래서 회원이 도전 파일을 올리면, 실시간으로 듣고 이 부분을 이렇게 수정해서 다시 녹음해서 바로 올려달라고 한다. 그렇게 회원과 소리 파일을 여러 번 주고받으며 마무리한다. 마지막으로 "이제 올려봅시다. 결과는 함께 기다려봐요"라고 응원한다. 2주 뒤, 합격한 회원에게는 축하 인사를 건네며, 다음 에이스 도전도 열심히 해보자고 말한다. 불합격한 회원에게는 부족한 부분을 보완하도록 도와주며, 다시 도전할 수 있도록 격려하고 끌어간다. 에이스 도전을 여러 번 시도하는 회원을 볼 때마다 신경이 쓰인다. 왜냐하면, 나도 수강생 시절, 에이스 도전에 네 번 떨어지고 다섯 번째 붙었던 경험 때문이다. 그때 고민이 많았다. 이렇게 연습을 많이 하는데, 도대체 뭐가 부족한 거지? 몇백 번 연습했지만 계속 불합격. 하지만 결국 어떤 부분을 고쳐야 하는지 정확히 알고 수정한 후, 5번째 도전에서 합격할 수 있었다. 많이 연습하는 것도 중요하지만, 정확히 내가 틀린 점을 알고 수정해야 빨리 나아진다는 걸 알았다. 회원에게 지금 무엇이 부족한지 정확하게 진단하고, 그에 맞는 해결 방법을 제시하는 것이 소리튠영어 코치로서 중요한 역할이라고 생각한다. 회원이 포기하지 않고, 어제보다 더 나아진 영어 발음을 향해 한 걸음씩 나아갈 수 있도록 돕는 것. 그게 바로 내가 코치로서 보람을 느끼는 순간 중에 하나다.

공무원으로 일할 때, 일에 대한 긍정적인 피드백을 받아본 기억은 손에 꼽을 정도였다. 가끔 팀장과 과장에게 "잘했다"라는 말을 듣거나 민원인에게 "고맙습니다"는 인사를 받기도 했지만, 흔하지 않았다.

소리튠영어 코치 일은 달랐다. 회원에게 진심으로 도움을 주고, 그들의 성장을 함께 나누는 과정에서 매일 감사하다고 듣는다. "코치님이 아니었다면 포기했을 거예요. 감사합니다." 감사 인사는 나를 더 좋은 코치로 성장하게 하고, 내가 이 일을 사랑할 수밖에 없게 만든다. 누군가의 삶에 조금이라도 긍정적인 변화를 불러올 수 있다면, 그 자체로 내 일이 충분히 가치 있다고 느낀다. 오늘도 마음을 다해 회원과 함께하며, 내 삶을 충만하게 만들어간다. 누군가에게 힘이 되어주고, 그 사람이 어려운 시간을 견디도록 도와줄 때마다 기쁨과 자부심을 느낀다. 마음에 닿는 코칭을 하기 위해 마음을 다해, 열심히, 최선을 다하고 있다. 내 피드백이 회원 영어공부에 작은 힘이라도 될 수 있다면, 그 자체로 내 일이 가진 의미는 충분하다고 믿는다. 회원과 함께 성장하며 그들의 꿈과 목표를 이룰 수 있도록 진심으로 돕고 싶다. 매일 회원이 보내오는 "감사합니다"라는 말 한마디가 하니 코치를 빛나게 만들어준다.

간호사나 공무원으로 일할 때는 모르는 점이 생기면 바로 옆 동료나 선배에게 물어볼 수 있었다. 지금은 재택 프리랜서로 일하다 보니, 현장에서 바로 도움을 청할 사람이 없다. 다행히도 해결하기 어려운 문제는 카카오톡과 같은 메신저를 통해 실시간으로 동료 코치에게 물어보고 도움을 받을 수 있다. 몇 달 전, 훈련방법을 여러 번 알려줬는데도 자신만의 방식대로 연습하고 녹음해서 과제를 제출하는 회원이 있었다. 또 같은 말을 반복해야 할까. 어떻게 하면 회원이 내가 안내한 방법대로 훈련해서 과제를 제출하게 할 수 있을지 고민됐다. 마땅한 아이디어가 떠오르지 않아 막막했다. 동료 코치에게 조언을 구했다. 여러 명 코치가 각자 경험을 바탕으로

"이런 방법은 어때요?, 제 회원이라면 이렇게 할 것 같아요."라며 다양한 해결책을 주었다. 집단지성의 힘이란 이런 거구나 싶었다. 내가 혼자 일한다는 불안감을 줄여주었고, 재택근무의 외로움 속에서도 든든함을 느끼게 해주었다. 함께 나누고 도우며 성장할 수 있는 동료가 있어서 힘이 된다.

성장하게 만드는 운동 강사

132기 SNPE바른자세척추운동 지도자 과정에서 멘토를 뽑는다는 공지를 봤다. 멘토 지원을 할까 말까 망설여졌다. 누군가 멘토가 되기에는 아직 부족하다고 느껴졌지만, 지금까지 SNPE바른자세척추운동을 꾸준히 공부했고, 현장에서 강의도 하고 있다. 자신감을 장착하고 내가 쌓은 경험을 믿으며 멘토에 지원했다. 합격 소식을 들었을 때 내가 성장하고 있음을 실감했다. 132기 1조 멘토를 맡게 됐다. 내 멘티는 총 6명이었다. 내가 그 길을 먼저 걸어온 경험이 있기에 멘티 마음에 누구보다 공감하며 도왔다.

멘티가 헤매거나 막막해할 때, 내가 그 시절 겪었던 어려움을 떠올리며 조언을 건넸다. "이렇게 하면 더 수월할 거예요"라며 방향을 제시하고, 그들이 자신감을 가질 수 있도록 돕는 데 집중했다. 내 경험이 그들에게 길잡이가 되기를 바라는 마음으로 최선을 다했다. 멘티를 보니까 내가 지도자 과정을 했을 때가 떠올랐다. 회사에서 일하며 틈틈이 강사 자격증을 따기 위해 공부하던 시절, 낯선 용어와 이론에 적응하느라 애썼던 내 모습이 생각났다. 지금 내 멘티도 비슷한 과정을 겪고 있으며, 그들의 열정과 노력을 보며 진심으로 격려의 말을 전했다. 그들이 스스럼없이 내게 질문할 수 있도록 유도하며, 편안하고 친근한 멘토가 되기 위해 노력했다. 조원이 지도자 과정을 즐겁게 끌어나가도록 돕는 일이 기뻤다. 멘티가 자신감을 얻는 모습을 볼 때마다, 뿌듯함을 느꼈다. 멘토로서 목표는 멘티가 지도자 과정을 즐겁고 자신감 있게 마칠 수 있게 하는 거였다. 과정이 어렵고 막막하게 느껴질 때, 그들이 충분히 해낼 수 있다는 확신을 심어주기 위해 노력했다. 나 역시 처음 이 길을 걸었을 때 불안하고 두려웠지만 결국 해냈다는 경험을 바탕으로 그들에게 용기와 희망을 줬다.

멘토링 과정에서 멘티는 나에게 새로운 동기를 부여했고, 그들의 성장은 내 보람으로 이어졌다. 멘티가 자신감을 얻고 나아가는 모습을 지켜보며 내가 맡은 역할의 의미를 되새길 수 있었다. 나도 이 길을 혼자 걸어오지 않았다. 나를 도와준 선생님이 있었기에 지금 내가 있다. 그 배움을 멘티에게 전하고자 했다. 멘티 중에 SNPE 바른자세척추운동 본원 인턴 강사가 됐다는 소식을 들었다. 멘티가 강사로서 첫발을 내딛는 과정에 내가 작은 도움이 되어서 기뻤다. '혼자 가면 빨리 가고, 함께 가면 멀리 간다.'라는 말처럼 함께 성장하고 서로를 북돋아 주는 멘토링 과정은 나와 멘티 모두에게 의미와 보람을 안겨주었다.

누군가를 가르치고 성장을 돕기 위해서는 나 자신도 끊임없이 배우고 성장해야 한다. 운동 강사는 운동을 가르치는 데에서 끝나지 않는다. 공부하고, 운동하고, 가르치고, 다시 공부하고, 운동하고, 가르치는 과정을 끊임없이 반복해야 한다. 여기서 나도 성장하고, 내가 가르치는 사람도 함께 성장한다.

얼마 전, 멘티 선생님이 내게 운동 강사라는 진로에 대한 고민을 털어놓아서 이야기를 주고받았다. 대화를 통해 운동 강사 본질에 대해 다시 생각하게 되었다. 운동 강사란 내가 배운 걸 발전시키고, 그 배움과 경험을 다른 사람과 나누며 돕는 일을 하는 사람이라고 생각한다. '공부하고, 운동하고, 가르친다.' 3가지 과정이 반복되는 삶이다. 운동 강사는 자신의 성장이 다른 이의 성장으로 이어지는 직업이다. 도전하고 배우며 새로운 걸 익혀야만, 회원에게 좋은 가르침을 제공할 수 있다.

회원이 건강하고 효과 있게 운동할 수 있도록 돕기 위해 해부생리학, 운동생리학, 근막 경선 등 다양한 분야를 공부한다. 대학교 1학년 때 처음 접했던 해부학은 외울 게 많아 어렵고 지루한 과목으로 느껴졌다. 이상하게 운동 강사 관점에서 하는 해부학 공부는 재밌다. 사람 몸을 이해하는 과정이 운동 효과를 극대화할 수 있는 중요한 기반이 된다. 인체 뼈와 근육, 인대, 신경 위치와 역할을 배우면서, 운동에 적용한다. 특정 근육 위치와 작용을 알게 되면 운동할 때 그 근육이 어떻게 작용하는지 회원에게 설명하기가 쉬워진다. 운동의 필요성을 설득력 있게 전달하는 데도 도움이 된다. 회원이 동작을 정확히 수행하도록 돕기 위해 설명의 질은 중요하다. 회원이 이해하기 쉬운 언어로 말하고, 실수했을 때 적절히 피드백하며 교정하는 과정이 강사의 핵심 역할이라고 생각한다. 예를 들어, 회원에게 동작을 가르칠 때, 단순히 '배에 힘을 주세요'라고 말하는 대신, 왜 이 동작이 필요한지, 어떤 근육이 작용하는지를 설명하면 설득력 있게 지도할 수 있다. 내가 배운 걸 실전에 적용하고, 회원에게 좋은 운동 경험을 제공하기 위해 성실하게 부족한 부분을 채워가고 있다.

내가 일하고 있는 운동센터 원장님들께 받는 피드백은 그 자체로 배움이 된다. 원장님께 어떻게 공부하면 좋을지 여쭤봤다. 원장님은 어떤 책을 보면 도움이 될지 하나하나 구체적으로 알려주셨다. 그리고 개인 회원 수업 후, 회원이 어떤 동작을 어려워했고 불편함을 느꼈던 점을 말씀드렸다. 원장님은 관련 자료를 보내주시고 해결 방법을 조언해 주셨다. 이럴 때는 이렇게 해보라며 실전에서 적용할 수 있는 팁을 전해주실 때마다 배운 것을 바로 실천에 옮길 수 있었다. 하나하나 놓치지 않으려 노력했다. 원장님들로부터 배우고, 경험을 쌓으며 나아지고 있다.

2024년 10월, 목표로 삼은 스포츠의학 대학원 입학 설명회에 참석해 학업 내용과 비전에 대한 정보를 들었다. 설명회를 통해 앞으로 5학기 동안 어떤 자세로 학업에 임해야 할지 방향을 잡을 수 있었다. 서류 접수와 면접을 거쳐 합격했다. 대학원에서 SNPE바른자세척추운동이 과학적으로 어떻게 작용하는지 심도 있게 배우고,

이를 회원에게 쉽게 설명할 수 있는 강사가 되고자 한다. 회원이 SNPE바른자세척추운동 본질을 이해하고 이를 통해 건강하고 의미 있는 변화를 경험하도록 돕고 싶다.

공부하면서 쌓은 지식을 다른 사람과 나누는 과정에서 성장이 이루어진다는 걸 안다. 학문으로 배우고 익혀서 회원과 공유하면서, 함께 발전하는 경험을 한다. 내가 하는 일을 가치 있게 만든다. 목표는 SNPE바른자세척추운동으로 회원이 자신의 몸과 마음 건강을 알아차리고 행복하게 살 수 있도록 도와주는 거다. 목표를 마음에 새기며 잊지 않고 대학원에서도 이 마음으로 공부하고 있다. 회원과 함께 성장하는 강사가 되어, 지식과 열정을 더욱 넓은 세상과 공유하고 싶다. 배움과 나눔은 나를 앞으로 나아가게 한다.

30년 이상 공무원으로 정년퇴직할 줄 알았는데

 공무원 시험에 합격한 순간, 당연히 정년까지 공무원으로 일하고 퇴직할 거라 믿었다. 60대까지 안정된 직업을 유지하고, 은퇴 후에는 여유롭고 평온한 삶을 누리는 미래를 자연스럽게 그렸다. 어느 정도 예측 가능한 미래가 안도감을 주었다. 내 인생 방향은 이미 정해진 듯했고, 별다른 의문도 없이 그 길을 따라갔다. 당시에는 왜 그런 고정관념에 갇혀있었는지조차 의식하지 못했다. 초반 몇 년 동안 안정감 속에서 내 선택이 옳았다고 여겼다.

 시간이 흐를수록 반복되는 일상과 직장에서의 무기력함이 넓게 자리 잡기 시작했다. 과연 내가 이 일을 30년 넘게 지속할 수 있을까 내가 원하는 일은 뭘까 진지하게 생각했다. 결론은 '그만두고 싶다'였지만 이 생각이 떠오를 때마다 두려움이 막아섰다. 익숙한 환경과 보장된 미래를 떠나는 게 불안했다. 기존의 길을 계속 걷는 게 안전하고 쉬운 선택처럼 느껴졌다. 행복하지 않은 일을 지속했다. 나를 갉아먹고 있었다. 무기력하게 스스로 탓하는 내 모습이 싫었고, 그렇게 살고 싶지 않았다. 더는 나 자신을 속일 수 없었다. 진정으로 해보고 싶은 일을 선택해야 했다. 내가 원하는 삶은 배우고 성장하며, 배움을 다른 사람과 나누는 삶이었다. 새로운 길을 향해 나 자신을 믿고 응원하기로 했다. 공무원을 그만둔 이후, 몇몇 사람이 내게 물었다.

"공무원 그만둔 거 후회하지 않아?"
"아니, 홧김에 그만둔 게 아니야. 내가 하고 싶은 걸 찾았기 때문에 그만둔 거야."

새로운 도전이 나를 성장시킨다. 내가 배우고 싶은 걸 배우고, 다른 사람에게 나누며, 그들의 성장을 돕는 데서 보람을 느꼈다. 공무원을 그만두고 무엇이 진정으로 나다운 삶인지 깨달았다. 공무원이라는 직이 안정적이고 안전한 선택이었지만, 그 안에서 나 자신을 잃어가고 있었다. 이제는 매 순간 내가 선택한 일에 열정을 느끼며 살아간다. 배우고 성장하는 삶, 배움을 나누며 다른 사람에게 긍정적인 영향을 미치는 일. 내가 원하는 삶이다.

과거를 돌아보며 후회하지 않는다. 공무원으로 보낸 시간도 소중했다. 그 시간이 있었기에 지금 내가 있을 수 있었고, 새로운 선택을 할 용기를 얻을 수 있었다. 공무원 경험은 앞으로 걸어갈 길에 밑거름이 되어, 또 다른 영향을 줄 수 있다고 생각한다. 지금 내가 그리는 미래는 더는 고정된 모습이 아니다. 변화와 도전을 수용하며, 매 순간 배우고 나아가는 삶이다.

내가 즐겨보는 미국 드라마 '굿 플레이스(GOOD PLACE)'가 있다. 이 드라마를 보면서 인생에서 누구를 만나느냐에 따라 삶이 바뀐다는 교훈을 얻었다. 드라마 속 주인공은 더 나은 사람이 되기 위해 윤리학과 도덕 철학 교수에게 교육을 받는다. 그녀의 행동에 따라 세상이 변화한다. 나쁜 행동을 하면 마을은 엉망이 되고, 좋은 행동을 하면 다시 안정된다. 드라마 속 설정이 흥미로웠다. 사람은 교육을 통해 변할 수 있고, 책을 읽으면서 성장할 수 있으며, 누구와 어떤 대화를 나누고 경험하냐에 따라 삶이 달라진다.

지금껏 살아오면서 다양한 사람을 만났고, 앞으로도 많은 사람을 만나게 될 것이다. 그중에서도 좋은 사람을 만나면서 내 삶이 긍정적으로 변화하길 바란다. 나를 변화시키는 방법은 많다. 그중 하나는 매일 책을 읽으며 생각의 폭을 넓히는 것이다. 교육을 통해 새로운 지식과 배움을 찾는 것도 중요하다고 믿는다. 돌아보면, 내가 변화할 수 있었던 것도 책과 주변 사람들의 영향이 컸다. 좋은 사람과 좋은 감정을 나누며 대화하고, 매일 책을 읽으며 살아가는 삶. 내가 꿈꾸는 삶이다.

외국 축구팀에서 활약하는 한 한국 선수가 패배 후 같은 팀 동료 태도를 이해하지 못했다는 이야기가 떠오른다. 경기가 끝난 뒤 한국 선수는 자책과 분노에 휩싸였지만, 외국 동료선수는 음악을 틀고 웃으며 대화를 나눴다. 처음엔 그 모습이 낯설고 어색하게 느껴졌다고 한다. '경기에서 졌는데 어떻게 저렇게 태연할 수 있을까?'

라는 의문이 들었다. 시간이 지나고 그는 그들이 왜 그렇게 행동했는지 알게 됐다. 그들은 이미 지나간 패배에 매몰되지 않고 다음 경기를 준비하는 긍정적인 자세를 유지하기 위해서였다. 그도 그의 동료처럼 자신 역시 상황을 긍정적으로 바라보고, 과거에 얽매이지 않는 태도를 다짐했다. 그날 이후 그는 패배에 대해 자책하기보다 배운 점을 바탕으로 발전하려는 노력을 시작했다. 경기를 돌아보며 아쉬워하되, 패배에 매몰되지 않고 다음 훈련과 경기에 집중하는 것이 더 나은 자세라는 결론을 내렸다.

축구선수 이야기를 듣고 내가 그동안 지나간 일에 너무 집착하며 현재를 낭비하고 있었던 건 아닌지 돌아보게 했다. '지나간 일은 지나간 대로. 중요한 건 앞으로 어떻게 나아갈지다.' 나 역시 과거를 되돌아보며 스스로 자책했다. 공무원으로 일했던 시간을 헛되다고 느끼기도 했다. '왜 안정적인 길을 선택하고도 행복하지 못했을까?', '왜 몇 년 동안 버텼을까?'라는 생각이 나를 짓눌렀다. 되짚어보니, 자책할 필요가 없었다. 공무원으로 일하며 겪었던 일은 내가 성장하는 밑천이 됐다. 그 시간은 내가 더 괜찮은 길로 나아가기 위한 바탕이었다. 다사다난했지만, 모든 순간이 지금 나를 만들어주었다. 과거에 매달리지 말고, 그 경험을 바탕으로 새로운 길을 준비해야 한다. 과거를 인정하고, 앞으로 걸어갈 길에 집중하고자 한다. 과거는 이미 지나갔고, 앞으로 내가 만들어갈 미래를 위해 오늘을 살아가기로 했다.

공무원을 그만두는 과정에서 중요했던 건 '나 자신을 믿고, 진정으로 원하는 삶을 선택하는 일'이었다. 안정된 길을 내려놓고, 스스로 응원하며 새로운 세상으로 나아갔다. 공무원을 그만둔 건 끝이 아니라 새로운 시작이었다. 현재 열정을 느끼는 일을 하며 매일 성장하고 있다. 앞으로도 계속 배우고, 의미 있는 삶을 살아가고 싶다. 내게 주어진 도전을 하며 진정한 나 자신을 발견하고 있다. 안정감 대신 변화와 도전을 받아들인 삶은 나를 행복하게 만들고 있다.

난 공무원 체질이 아니었다. 대신, 내 체질에 맞는 일을 찾아 나섰다. 열정과 관심을 온전히 쏟을 수 있는 영어와 운동을 가르치는 일을 하고 있다.

삶은 정해진 궤적이 아닌, 내가 만들어가는 길이다. 매일 배우고, 성장하며, 필요한 사람과 나누는 일이야말로 내 삶을 빛나게 한다. 내가 만든 길 위에서 진정으로 나답게 살아가고 있다.

마치는 글

이 세상에는 절대로 당연한 게 없다

2024년 3월 7일, 사무실 책상을 깔끔하게 정리한 뒤 공무원 생활을 마무리했다. 퇴근 후 짐을 차에 옮기는데, 저녁 공기가 제법 쌀쌀했다. 모든 짐을 싣고 운전석에 앉는 순간, 왠지 모르게 울컥했다. 씩씩하게 면직서를 작성했지만, 막상 마지막 날을 맞이하니 시원섭섭한 감정이 밀려왔다.

공무원을 그만두고 두 가지 새로운 일을 시작했다. 소리튠영어 코치와 SNPE바른자세척추운동강사이다. 둘 다 프리랜서로 일하고 있다.

영어 소리 코치로 재택근무를 하며 많은 회원과 온라인으로 만난다. 나 역시 그들과 마찬가지로 수강생으로 시작해 지금은 가르치는 코치가 되었기에, 그들의 마음을 누구보다 잘 안다.

"이번이 정말 마지막이다. 지푸라기라도 잡는 심정으로 시작해보자."

그렇게 시작했던 영어 소리 공부가 생각지도 못하게 재미있었다. 영어 소리에 대한 감각이 살아나고, 문장이 내 입에서 자연스럽게 흘러나오는 순간, 희열은 이루 말할 수 없었다. 소리튠영어에 미쳐 있었다. 포기하지 않고 끝까지 영어공부를 하겠다고 다짐하면서 시작했던 선택으로, 지금은 소리튠영어 코치가 됐다. 내 회원들이 영어 소리가 바뀌면서 영어에 대한 자신감을 찾아가는 모습을 볼 때, 나 역시 함께 성장하는 기분이 든다. 이 일이 주는 기쁨이다. 그 어떤 보상보다 값지게 느껴진다. 특히 새내기 코치 때 맡았던 회원의 영어공부를 1년간 도와주고 있다. 내 팬이 생긴 기분이다. 나 역시 수강생 시절, 1년 동안 레이철 코치님과 함께하며 영어 소리를 익혀갔다. '언젠가는 나도 코치님처럼 될 수 있을까?'라고 바라보던 목표를 지금은 내가 회원에게 제공하고 있다니, 감격스럽다.

 올해 2월부터 소리튠영어에서 회원과 직접 만나는 오프라인 과정이 시작됐다. 수석코치로서 회원을 지도하며, 기대 이상으로 보람을 느끼고 있다. 온라인에서는 한계가 있던 부분을 대면 지도를 통해 효과적으로 보완하고, 빠르게 소리를 교정할 수 있어 확실한 차이를 체감하고 있다. 회원과 직접 소통하며 서로 에너지를 주고받는 과정에서 친밀함이 올라간다. 현장에서 회원 영어 소리를 듣고 실시간으로 맞춤형 코칭을 해준다. 연습 후 바뀌어있는 회원의 소리를 들으면서 즐겁게 일하고 있다. 앞으로도 최선을 다해 회원이 확실한 발전을 경험할 수 있도록 돕고 싶다.

SNPE바른자세척추운동 강사로서 운동센터에서 회원을 만나 가르친다. 회원이 운동 후 몸이 편안해졌다고 말할 때마다, 내가 하는 일이 누군가의 삶에 긍정적인 영향을 미친다는 사실에 감사함을 느낀다. 수업을 준비하는 과정에서 어떤 내용을 가르칠지 고민하고 공부하는 게 즐겁다. 수업 중에도 내 에너지를 회원들과 나누며, 그들의 변화를 가까이에서 지켜볼 때 보람을 얻는다.

공무원이라는 안정감 속에서 무기력함이 나를 지배했던 적이 있었다. 노력으로 무기력한 순간도 지나갔다. 무기력함을 극복하기 위해 행동을 해야 한다. 이제 내가 무기력함에 빠질 때 어떻게 해야 활기를 되찾을지 안다. 침대에 누워 있겠다고 상황이 변하지 않는다. 그럴 땐 달리기를 한다. 땀을 흘리고 돌아오면 몸과 마음이 개운해진다. 처음에는 1분도 뛰기 힘들었지만, 지금은 30분을 쉬지 않고 거뜬히 달리는 어엿한 4년 차 러너가 되었다. 꾸준함의 힘을 믿는다. 달리기를 정식으로 배우지 않았다. 혼자 뛰면서 연습했다. 하다 보니 달리기가 나에게 잘 맞았다. 달리기할 때는 온전히 나 자신에게 집중할 수 있다. 발이 땅을 딛는 소리, 심장이 빠르게 뛰는 리듬, 바람이 스치는 피부 감각이 달리는 순간에 집중할 수 있게 나를 붙잡아준다. 그리고 책을 읽고, 몸을 움직이고, 영어와 운동을 꾸준히 배웠다. 배운 걸 다른 사람과 나누며 에너지를 줄 때, 살아있음을 느낀다.

현재는 온라인과 오프라인에서 수백 명의 영어 소리를 바꿔주고, 영어 말하기 강의를 하고 있다. 1년 전만 해도 꿈꿀 수 없었던 일이었다. 이젠 작가이자, 영어 코치이자, 운동 강사가 되어 내 인생을 직접 만들어가고 있다. 달리기하며 종종 미래를 상상해본다. 앞으로 어떤 모습이 될까? 생각할수록 설레고 벅차오른다. 행복한 일만 있지 않을 거다. 시련과 고난도 같이 온다. 도전을 통해 배웠고, 성장하는 법을 익혔기에, 두렵지 않다. 도전과 배움이 반복될 뿐, 멈추지 않는다. 매일 독서 하고, 영어 공부하며, 꾸준히 운동한다. 나만의 '3 루틴'(독서, 운동, 영어)이다. 무슨 일을 하든 '3 루틴'으로 행복한 삶을 만들어가겠다. 앞으로도 '3 루틴'을 지켜가며 내가 만나는 많은 사람을 성장시키는 사람이 되고 싶다는 꿈이 있다. 당신도 당신만의 '3 루틴'을 찾아가며, 자신이 원하는 삶을 스스로 만들어가는 주인공이 되기를 응원한다.

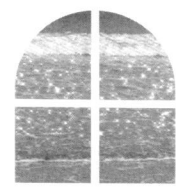

마지막으로 전하고 싶은 세 가지 메시지가 있다.

첫째, 작은 습관이 큰 변화를 만든다.

매일 하루 10분 독서나 30분 달리기 같은 습관이 인생 방향을 바꿀 수 있다. 꾸준함은 강력한 무기다!

둘째, 나에게 맞는 길은 내가 만들어간다.

사회가 정해 준 길이 아니라, 내 성향과 열정을 따라가면 행복과 성취로 이어진다. 넘어져도 괜찮다. 끊임없이 도전하면서 나만의 길을 찾아가자!

셋째, 나눔을 통해 성장한다.

성장하려면 배운 걸 다른 사람에게 나눠야 한다. 배움과 나눔은 자신과 타인을 함께 변화시키는 힘이다!

이 책이 당신의 무기력을 깨뜨리고, 당신 길을 찾아가는 데 불씨가 되길 바란다. 삶의 변화를 만드는 건 생각과 행동이 동시에 이뤄져야 시작된다. 오늘 결심을 해보자. 이제 당신만의 이야기를 만들어갈 차례다.

**무기력한 삶을
극복하는 방법**

초판 1쇄 2025년 7월 5일
지 은 이 장소정
펴 낸 곳 하모니북

출판등록 2018년 5월 2일 제 2018-0000-68호
이 메 일 harmony.book1@gmail.com
홈페이지 harmonybook.imweb.me
인스타그램 instagram.com/harmony_book_
팩   스 02-2671-5662

979-11-6747-255-7 03810
ⓒ 하모니북, 2025, Printed in Korea

책값은 뒤표지에 있습니다.

이 도서의 국립중앙도서관 출판예정도서목록(CIP)은 서지정보유통지원시스템 홈페이지(http://seoji.nl.go.kr)와 국가자료공동목록시스템(http://www.nl.go.kr/kolisnet)에서 이용하실 수 있습니다.

이 책은 저작권법에 따라 보호받는 저작물이므로 무단 전재와 무단 복제를 금지하며, 이 책 내용의 전부 또는 일부를 이용하려면 반드시 저작권자와 출판사의 서면 동의를 받아야 합니다.